Tout est parfait

Catalogage avant publication de Bibliothèque et Archives nationales du Québec et Bibliothèque et Archives Canada

Boucher, Sylvie, 1955-

    Tout est parfait

    ISBN 978-2-89225-892-9

    1. Réalisation de soi. 2. Boucher, Sylvie, 1955- – Anecdotes. I. Titre.

BF637.S4B683 2015   158.1   C2015-941505-5

Adresse municipale :
Les éditions Un monde différent
3905, rue Isabelle, bureau 101
Brossard (Québec) Canada J4Y 2R2
Tél. : 450 656-2660 ou 800 443-2582
Téléc. : 450 659-9328
Site Internet : http ://www.umd.ca
Courriel : info@umd.ca

Adresse postale :
Les éditions Un monde différent
C.P. 51546
Greenfield Park (Québec)
J4V 3N8

Dépôts légaux : 3ᵉ trimestre 2015
Bibliothèque et Archives nationales du Québec
Bibliothèque et Archives Canada
Bibliothèque nationale de France

Conception graphique de la couverture :
OLIVIER LASSER

Photos de la couverture et de l'arrière du livre :
SIMON NORMAND

Photos intérieures :
ARCHIVES PERSONNELLES DE L'AUTEURE SAUF CELLE IDENTIFIÉE

Photocomposition et mise en pages :
LUC JACQUES, COMPOMAGNY, ENR.
Typographie : Minion Pro corps 14 sur 15,3 pts

ISBN 978-2-89225-892-9

Financé par le gouvernement du Canada
Funded by the Government of Canada | Canadä

Gouvernement du Québec – Programme de crédit d'impôt pour l'édition de livres et l'aide à l'édition – Gestion SODEC.

IMPRIMÉ AU CANADA

SYLVIE BOUCHER

Tout est parfait

UN MONDE ✛ DIFFÉRENT

Table des matières

TROISIÈME PARTIE
LA CORNE D'ABONDANCE

En guise de préambule

Je dis fréquemment que tout est parfait, et la vie me l'a souvent démontré. Je ne crois pas aux hasards de la vie, je crois seulement aux rendez-vous. Vous est-il déjà arrivé de rencontrer quelqu'un pour la première fois et d'avoir la certitude de connaître cette personne ? Je crois que nous sommes tous liés les uns aux autres par une force plus grande que nous, que j'appelle la Source créatrice, et que la « colle cosmique » qui nous relie est l'AMOUR.

J'ai vécu régulièrement des moments de grand vide, de souffrance et de découragement, que je dénomme affectueusement des « p'tits bouts pas de saucisse », comme un hot-dog quand il ne reste que le pain et la moutarde…

À l'époque, je ne comprenais pas l'importance de mon attitude dans ces moments de profonde détresse. Avec le temps, j'ai appris que ma pensée, mes paroles et mes actions créent ma réalité. Que je suis la seule responsable de mon bonheur… ou de mon malheur ! J'ai aussi compris que tout est parfait et que tout arrive aussi selon un ordre divin.

Parfois, prise dans le tourbillon de mes petits tracas quotidiens, je perds de vue l'étendue de mes possibilités en tant que créatrice de ma réalité. Dans ces périodes de tumulte, où je suis axée sur mes malheurs, j'oublie qu'il y a beaucoup plus grand et plus beau que mon petit nombril.

Petit à petit, je suis devenue de plus en plus consciente que mon attitude par rapport à mes problèmes les amplifie. Plus je donne de l'importance à mon malheur, plus il grandit et occupe toute la place, bloquant ainsi la voie aux nombreuses possibilités de bonheur. Plus je prends conscience de mon pouvoir, plus je me sers du pouvoir de ma conscience. J'ai choisi de partager avec vous ma philosophie de la vie afin que vous puissiez, si tel est votre choix, vous réapproprier votre pouvoir et vivre le bonheur auquel vous avez droit.

Bonne lecture !

PREMIÈRE PARTIE

———————————

QUELQUES FACETTES
DE MON HISTOIRE...

1

~

Le chemin tortueux
de ma vie

D'abord, afin que vous compreniez mieux d'où je viens, laissez-moi brosser un tableau de mon parcours de vie.

Je suis fille unique, native de Montréal d'une mère artiste dans l'âme, et d'un père enquêteur à Revenu Canada. Deux mondes, comme on dit!

Maman n'a jamais eu le courage de travailler dans le domaine artistique. Si elle en avait fait le choix, elle aurait pu connaître une belle carrière dans les cabarets de l'époque. Elle avait une voix magnifique et un sens de l'humour hors du commun. Comme la pomme ne tombe jamais bien loin de l'arbre, ce n'est pas un hasard si je me suis retrouvée dans le merveilleux monde du spectacle! Ma mère m'a toujours encouragée à poursuivre mon rêve malgré les réticences de mon père.

Papa, de son côté, ne voyait pas cela d'un très bon œil. Son côté pragmatique lui laissait croire que j'allais me casser la gueule et que des années d'études en droit ou en médecine me seraient plus utiles que des cours de piano, de théâtre ou de chant.

Mais voilà, je détestais l'école avec passion !

Pour moi, des années d'études à l'université correspondaient à une mort lente. La mort de l'artiste en moi ! Je me souviens de ma première journée d'école. Quelle catastrophe !

J'étais enfant unique, je ne voyais que très rarement d'autres enfants à part une petite voisine qui venait chez moi à l'occasion. Comme j'avais «fait le bacon» par terre sur le plancher de la cuisine en hurlant à ma mère que j'aimerais mieux mourir que d'aller à l'école, je suis bien évidemment arrivée très en retard à la rentrée des classes. Imaginez la terreur que j'ai ressentie quand j'ai posé le pied dans ma classe de première année et que j'ai vu 30 enfants assis là à me regarder ! J'ai pleuré toute la matinée, assise en boule dans un coin de la classe. J'étais inconsolable ! Je me sentais abandonnée, rejetée, trahie par celle en qui j'avais aveuglément confiance : ma mère ! Pendant la pause du midi, la directrice a appelé maman pour lui demander de venir enfin me chercher.

Il faut dire que j'étais de tempérament très sauvage avec une sensibilité à fleur de peau. Le contact avec les autres me terrorisait. J'avais une peur bleue du rejet et du jugement des autres envers moi. C'est quand même étonnant que j'aie choisi de devenir comédienne. Dans ce merveilleux métier, nous sommes constamment jugés par les producteurs, les réalisateurs, nos pairs, le public et nous faisons face au rejet, ou à une forte possibilité de refus, chaque fois que nous auditionnons pour obtenir un rôle. Sur 100 candidates, une seule est choisie. Les 99 autres sont rejetées! Imaginez! Il faut en passer des auditions avant de décrocher un rôle! Au début je pleurais chaque fois qu'on ne me choisissait pas. J'avais tellement besoin d'être reconnue. Ce besoin allait me propulser au milieu de la tourmente plus d'une fois dans ma vie.

Bon, mais pour l'instant, revenons à l'école! Avec le temps, j'ai fini par accepter mon sort et j'allais en classe par obligation. Les cours de musique, de chant, de dessin et de théâtre étaient les seuls moments heureux de mes années d'études. J'adorais faire le clown et jouer des tours. C'était ma façon à moi de me faire accepter par les autres élèves. Malheureusement, je me faisais toujours prendre. Résultat : j'ai passé plus de temps en retenue dans le bureau de la directrice ou dans les corridors de l'école que dans les salles de classe. J'étais devenue l'héroïne rebelle de mon école. Je me démarquais du lot. Je refusais l'autorité sous toutes ses formes. Je flirtais avec l'interdit.

Parallèlement à l'école, maman m'avait inscrite à des cours de ballet, de diction et de chant au Théâtre des Pupilles, une école renommée où Radio-Canada venait régulièrement recruter ses nouveaux talents pour des émissions enfantines. J'étais toujours sélectionnée et c'est comme ça que j'ai commencé à faire de la télévision à l'âge de cinq ans. Ce beau rêve a duré trois ans. Ça m'a donné la piqûre et ça m'a confirmé mon désir de devenir comédienne un jour. Mais… il fallait que je termine mon secondaire! Oh! malheur!

C'est là que tout a basculé. Les études secondaires étaient bien « secondaires » pour moi… Je frayais avec les rebelles de ma classe (qui se ressemble s'assemble) et mon seul but était d'en finir au plus vite avec les études en ayant le plus de plaisir possible. À 16 ans, je fumais mon premier joint et je buvais ma première bière. Je n'allais plus à mes cours, j'avais élu domicile à la brasserie Le Gobelet sur le boulevard Saint-Laurent, où je passais mes après-midis avec ma meilleure amie, Renée-Louise. Inutile de vous dire que mon rendement à l'école était désastreux. Je passais mes examens de fin d'année de justesse. En fait, je trichais. Je m'assoyais à côté de la première de classe et je copiais ses réponses ! Je ne peux pas dire que je suis fière de ma conduite, mais… c'était ma réalité à l'époque. J'ai compris maintenant que tricher, c'est se mentir à soi-même. C'est le comble de la médiocrité !

Mes études enfin terminées, je me suis mise en quête d'un travail afin de pouvoir rapidement quitter la maison familiale. Renée-Louise et moi avions trouvé un appartement avec une seule chambre fermée, un divan-lit dans le salon que nous avions surnommé « le *trailer* » vu son état lamentable et les maux de dos qu'il nous causait, et une seule fenêtre avec vue sur… le mur de l'immeuble voisin ! Nous tirions à pile ou face pour déterminer laquelle de nous deux dormirait dans la chambre. C'était vraiment minable comme appartement, mais c'était chez nous !

Mon premier boulot consistait à répondre au téléphone dans une agence de recouvrement de comptes impayés. Je peux vous assurer que les mots que j'entendais à l'autre bout du fil n'étaient pas toujours très polis ! Je me suis liée d'amitié avec certains collègues de travail et nous allions toujours prendre une bière après le travail dans un bar du quartier. Un soir où nous profitions de nos 5 à 7 quotidiens, un ami d'un collègue s'est joint à nous. Il s'appelait Pierre. Au moment de rentrer chez moi, Pierre m'offre de me reconduire en voiture à la maison. Comme c'est un ami d'un ami, je ne me méfie pas et j'accepte volontiers.

En route, je me rends bien compte que Pierre ne se dirige pas du tout vers ma maison. Il nous conduit au beau milieu d'un champ, loin de toute civilisation, et il me viole… Je me souviens d'avoir tellement pleuré ! Après s'être soulagé, il m'a laissée sur le coin d'une rue, tremblante, perdue, meurtrie et moins naïve… Encore une fois, je me suis sentie trahie et abandonnée. Il faut dire que je ne me méfiais pas des autres. Comme je n'avais aucune malice, je ne comprenais pas comment on pouvait être aussi méchant.

Le lendemain, de retour au boulot, je parle de ce qui m'est arrivé à mes collègues. Ils m'ont tous ri à la figure, à part Mike, en me disant que si je décidais de porter plainte, le juge ne serait pas très clément envers moi parce que j'étais entrée dans sa voiture de mon plein gré. Mike ne disait rien et me regardait avec compassion. Il ne m'a pas défendue, mais il ne riait pas comme les autres. Peu de temps après, dégoûtée du comportement de mes collègues, j'ai quitté mon emploi.

Des années plus tard, alors que j'étais en tournage extérieur avec Marie-Josée Croze et Normand Brathwaite dans le Vieux-Montréal, je vois Mike dans la foule de curieux qui s'était amassée autour de nous. Il s'avance vers moi, me prend dans ses bras et me dit : « Allô Sylvie, je veux juste te dire que Pierre, le gars qui t'a violée, est mort. Il s'est tué de façon très violente au volant de sa voiture. Je voulais juste que tu le saches. Bonne vie à toi ! » Et il est parti ! On aurait dit un ange venu du ciel pour me livrer un message ! J'ai enfin pu pardonner et tourner la page sur ce chapitre de ma vie.

Après avoir quitté cet emploi, j'ai commencé à travailler dans les bars. C'est à ce moment-là que j'ai dérapé. Trop d'alcool et de drogues de toutes sortes ont eu raison de ma santé mentale et physique. Je me suis poussée à bout, faisant des choix de vie discutables. Je m'acoquinais toujours avec les pires voyous de la terre. J'ai défié la mort plusieurs fois, mais avec le recul, je crois que quelques anges gardiens veillaient sur moi.

Je vous raconte deux événements qui corroborent mes propos. J'avais loué une maison à Sainte-Scholastique, tout près du nouvel aéroport où je travaillais comme barmaid. J'avais un gros béguin pour un gars qui ne partageait pas mes sentiments. Une amie qui faisait de la magie blanche m'avait donné un truc pour faire tomber le gars en question dans les pommes... pour moi. Il s'agissait de faire un rond de sel à terre sur le plancher du salon, d'allumer une chandelle et d'écrire mon désir sur une feuille de papier. Je devais ensuite brûler le papier avec la flamme de la chandelle en faisant quelques incantations et laisser la chandelle brûler jusqu'à ce qu'elle s'éteigne toute seule.

Comme la chandelle tardait à se consumer et que j'avais, bien sûr, bu quelques apéros, je décidai d'aller me coucher. L'odeur du feu me réveilla en sursaut ! Je courus dans le salon à travers l'épaisse fumée, pour m'apercevoir que la chandelle, en tombant, avait mis le feu au plancher de bois. J'ai éteint le tout avec quelques seaux d'eau, mais le feu avait ravagé le plancher. J'aurais pu mourir asphyxiée, mais un ange veillait sur moi. J'ai compris aujourd'hui qu'on ne peut pas influencer la vie d'un autre avec la magie, qu'elle soit blanche ou noire. On ne peut pas non plus forcer quelqu'un à nous aimer. Ai-je besoin d'ajouter que c'était la première et dernière fois que je recourais à la magie blanche dans ma vie ?

Je me souviens d'un autre soir en particulier. Après la fermeture des bars, quelques amis et moi sommes allés chez moi pour continuer le party. Comme nous étions à court de cocaïne, un de mes amis décide d'appeler le revendeur du coin en vue d'un ravitaillement rapide de notre drogue favorite. Comme il était quatre heures du matin, le coup de téléphone a réveillé le *pusher* en question. Il refusait de livrer. Nous avons insisté et l'avons rappelé plusieurs fois.

Il est finalement arrivé chez moi, accompagné d'un de ses amis qui n'entendait pas à rire, avec dans les mains non pas la drogue tant attendue, mais une arme à feu. Il était en furie! Il m'a agrippée par les cheveux et m'a jetée sur le lit. Il s'est assis à cheval sur mon dos et a mis son arme sur ma tempe en me frappant de son autre main libre, tout en me criant qu'il allait me tuer et me faire payer de l'avoir réveillé.

Pendant ce temps, son acolyte tenait en joue mes amis dans la cuisine. J'ai vraiment pensé mourir. Je priais Dieu et les anges de me protéger. Puis, tout à coup, sans raison apparente, il s'est relevé, m'a donné un coup de pied dans les côtes et ils sont partis. J'ai rampé jusqu'au fond du placard, blessée, tremblante et incrédule. Je ne comprenais pas pourquoi je respirais encore. J'étais persuadée que ma dernière heure était venue. Il y a eu une intervention divine cette nuit-là. C'est comme ça que j'ai commencé à croire aux anges!

Quand on sombre dans l'enfer de la drogue, on attire vers soi des situations comme celle-là. On ne peut pas détruire sa vie et sa nature divine en espérant le bonheur, l'harmonie, la joie et la légèreté! Nous créons notre vie avec nos pensées, nos paroles et nos actions. Je l'ignorais à ce moment-là; alors tout ce que j'attirais, c'était la violence, la discorde et le malheur. J'aurais déjà dû comprendre pourtant que je marchais sur un chemin rempli d'embûches et de grandes souffrances, mais… il m'a fallu encore plus d'expériences pour en prendre vraiment conscience.

Ceci dit, je ne regrette rien de tout ce que j'ai vécu. Je suis un être divin et je crée ma vie à mon image et à ma ressemblance. À cette époque-là, je croyais que je devais souffrir pour arriver à mes fins. C'est une croyance erronée qu'on m'a inculquée dès mon très jeune âge. On me répétait à satiété : « Il faut souffrir pour être belle », « Il faut gagner son ciel », « On est nés pour un petit pain », « L'argent ne pousse pas dans les arbres », « Nous sommes nés dans le péché et nous devons nous repentir et nous faire pardonner ». Je trouve sincèrement que c'est un mauvais départ dans la vie, croire ces phrases toutes faites. Ça ne met pas en valeur notre pouvoir créateur, ça nous coupe les ailes plutôt que de nous aider à prendre notre envol !

Mon rêve de devenir comédienne était toujours très présent, mais comme j'avais l'esprit embrouillé par autant de drogues de toutes sortes, je ne savais pas exactement comment m'y prendre pour y parvenir. À cette période de ma vie, j'avais loué un chalet dans les Laurentides avec mon amoureux, que nous partagions avec Germain Gauthier, un musicien très connu, qui a écrit des chansons pour Diane Dufresne avec Luc Plamondon, entre autres. Je lui avais parlé de mon souhait de faire partie de la grande famille du showbiz. Il me propose alors d'aller travailler comme barmaid à la Nuit Magique, une boîte de nuit montréalaise fréquentée par toutes les vedettes de l'époque. C'était l'occasion rêvée de rencontrer les plus grands du métier et de multiplier les contacts ! Je n'ai fait ni une ni deux, j'ai quitté les Laurentides et mon amoureux, et je suis allée rencontrer le propriétaire de la Nuit Magique. Il m'a embauchée sur-le-champ. Comme quoi, quand notre but est clair, l'univers se porte à notre secours pour nous aider à le concrétiser.

C'est là que j'ai rencontré Nanette Workman, qui est devenue ma grande amie, Tony Roman, Boule Noire, Michel Pagliaro, Leonard Cohen, et j'en passe. Comme j'étais très jeune, je ne connaissais pas Leonard Cohen. Il était un client régulier et il s'assoyait toujours à mon bar. Il me regardait chaque fois très intensément. Je le soupçonne d'avoir été secrètement amoureux de moi, car il m'écrivait des poèmes sur des serviettes de papier. Je le trouvais très mystérieux et il m'intimidait beaucoup. J'ai honte de vous avouer que j'ai jeté tous ses poèmes à la poubelle ! J'ajoute que si la même chose m'arrivait aujourd'hui, je les ferais laminer sans hésiter !

J'ai commencé à chanter dans ce temps-là. Tony Roman m'a fait enregistrer mon premier disque 45 tours. Puis mon premier album, produit par Nanette, au sein d'un groupe de trois filles (et six musiciens) qui s'appelait Satin. J'ai chanté comme choriste aussi avec Boule Noire. Bref, les portes se sont toutes grandes ouvertes pour moi.

Je continuais simultanément à travailler à la Nuit Magique, dans le Vieux-Montréal, et à consommer alcool et drogues jusqu'aux petites heures du matin. Jusqu'au jour où je me suis fait prendre dans une descente policière avec quelques grammes de marijuana dans mon sac à main. Résultat, une nuit en prison et un casier judiciaire ! J'ai dû « me calmer le pompon » pendant quelques jours en me jurant que plus jamais je ne consommerais de drogues de ma vie… pour recommencer de plus belle la semaine suivante (promesse d'ivrogne).

L'argent me brûlait les doigts. Je n'en avais jamais assez pour payer mon loyer. Je vivais dans un appartement sans chauffage sur le boulevard De Maisonneuve, dans l'est de la ville. L'hiver je devais allumer la cuisinière et dormir sur le plancher de la cuisine… C'est vous dire comme j'étais déconnectée de la réalité ! Je n'avais pas remarqué que l'appartement n'était doté d'aucun système de chauffage au moment de la signature du bail.

Je suivais des cours de ballet-jazz avec une Américaine fraîchement débarquée au Québec, avec qui je m'étais liée d'amitié. Elle avait été embauchée pour faire les chorégraphies de la deuxième édition de *Starmania* présentée au Québec en 1979. Elle me dit : « Sylvie, pourquoi n'auditionnerais-tu pas pour le rôle de Sadia ? » Mon amie Nanette avait campé ce personnage à Paris, comme pour l'album de l'opéra rock, lancé en 1978. J'avais enfin ma chance !

J'ai pratiqué pendant des heures et des heures pour monter un numéro digne de Broadway, avec chorégraphies et tout le tralala ! Le Naziland ne serait plus jamais la même discothèque tournante après mon interprétation !

Je suis arrivée à l'audition gonflée à bloc ! J'ai entonné ma première chanson intitulée *Travesti* devant Luc Plamondon, Michel Berger et Olivier Reichenbach. Après ma performance, quelle ne fut pas ma surprise ! Ils se sont tous levés pour me faire une ovation debout. Plamondon m'a demandé : « Mais d'où tu sors, toi ? Tu es un vrai phénomène ! » Et c'est ainsi que je suis embarquée dans la grande aventure de *Starmania* ! Adieu les nuits magiques ! J'étais partie pour la gloire ! Je partageais la scène et la loge avec France Castel et Louise Forestier. Le plaisir qu'on a eu ensemble toutes les trois. Du pur délire ! France et moi étions inséparables. Nous étions des « *chums* de brosses » !

L'argent commençait à couler à flots et je le dépensais aussitôt. J'avais élu domicile au carré Saint-Louis, dans un tout petit appartement d'une seule pièce, infesté de coquerelles et de souris, pour être plus près de mon bar favori de l'époque : le Prince Arthur ! Il n'avait de prince que son nom… J'ai dépensé tout l'argent que je gagnais dans ce bar maudit ! C'était ma seconde maison. Je mangeais à peine, je dormais peu et j'étais sur le party ! Le soir nous étions sur scène dans *Starmania* et après le spectacle, France et moi sortions au Prince jusqu'au petit matin. Et je recommençais le lendemain. Jusqu'à ce que je sois complètement fauchée, sans emploi (la tournée de *Starmania* était terminée), épuisée physiquement et moralement.

C'est drôle, quand on n'a plus d'argent pour acheter de la drogue, on se retrouve seule au monde. Tes amis sont tous disparus dans la brume… C'est exactement ce qui m'est arrivé. De plus, le Prince Arthur avait été rasé par un incendie. Alors, pas besoin de vous dire que j'ai touché le fond du baril.

J'attribuais toujours mes malheurs à quelque chose d'extérieur à moi. Je ne prenais aucune responsabilité. C'était toujours la faute des autres, des circonstances, du métier, mais jamais la mienne. Me regarder en face n'était pas une option. C'était trop douloureux.

Puis j'ai reçu un appel pour du travail : un producteur américain venait au Québec pour créer, en français, la comédie musicale *Let My People Come*, qui avait fait un malheur sur Broadway dans le Greenwich Village de New York de 1974 à 1976. L'humoriste Pierre Légaré était chargé de la traduction et le producteur lui-même signait la mise en scène.

J'avais enfin du travail ! J'étais aux anges. Après des heures et des heures de répétitions, le jour de la première au Théâtre Saint-Denis arriva enfin ! Nous nous sommes rendus au théâtre en après-midi, mais on nous en a refusé l'accès ! Il y avait eu une alerte à la bombe et des menaces de mort proférées envers le producteur… Si on jouait la pièce, le théâtre exploserait ! Le spectacle a été annulé, les acteurs n'ont pas été payés, le producteur avait dépensé tout l'argent dans la cocaïne qu'il nous fournissait gratuitement !

Gratuitement, mon œil ! En fait, on sniffait notre paye sans le savoir ! Et je suis revenue à la case départ. Pas d'argent, pas de travail, pas d'amis ! Seule au monde devant le néant. Encore là, d'après moi, c'était la faute des autres. Je ne voyais pas que mes choix jouaient un rôle déterminant dans la dérive de ma vie. Aujourd'hui, avec le recul, je sais bien que ma consommation de drogues embrouillait mon cerveau, m'empêchait de prendre des décisions éclairées et de mieux choisir mes fréquentations.

Puis j'ai reçu un autre appel téléphonique ! La comédie musicale *Let My People Come* devait être montée à Philadelphie et on m'offrait le rôle que j'aurais tenu à Montréal. Je me décide rapidement et sans tergiverser, je sous-loue mon petit appartement merdique et je m'envole pour Philadelphie ! *Yahoo ! USA here I come !*

En passant aux douanes de l'aéroport, je constate un pépin. On découvre que j'ai un casier judiciaire. L'avion a décollé sans moi, avec mes bagages ! Je suis revenue chez moi découragée, désabusée, sans bagages, avec un sous-locataire surpris, et très en colère de me voir revenir si tôt ! Je lui ai demandé de partir et quand il a vu l'état dans lequel je me trouvais, il a accepté, non sans me proférer quelques menaces. À ce moment-là, je n'en avais rien à foutre !

En écrivant ces mots, je ressens encore le profond désespoir qui m'habitait durant la période qui a suivi. Mon père est tombé gravement malade. Je me suis rendue à son chevet à l'hôpital et je lui ai fait une promesse : je ne toucherais plus jamais à l'alcool ni à la drogue de ma vie. Je suis repartie dans mon petit appartement miteux en pleurant toutes les larmes de mon corps. Quelques heures plus tard, mon père décédait. Puis j'ai voulu mourir.

C'était probablement la meilleure chose qui pouvait m'arriver à cette période douloureuse de mon existence. Je crois fermement que quand tu touches le fond, tu ne peux descendre plus bas, et la seule direction possible est vers le haut. En même temps, en touchant le fond avec tes pieds, tu peux te donner un élan pour remonter !

J'avais laissé un message d'accueil sur mon répondeur disant à peu près ceci : « Sylvie est brisée, elle ne marche plus, ne lui laissez pas de message. » Ma seule amie de l'époque m'appela pour prendre de mes nouvelles. En entendant mon message d'accueil, elle se rend immédiatement chez moi, redoutant le pire. Elle est arrivée à temps ! Recroquevillée dans mon lit depuis plusieurs jours, j'étais complètement déshydratée, sous-alimentée, en état de dépression. Elle m'a sauvé la vie !

Elle pratiquait le bouddhisme depuis quelques années et elle m'a initiée à cette merveilleuse philosophie. N'ayant plus rien à perdre, j'ai commencé à entrer en méditation tous les jours. Toute ma vie a basculé de l'ombre vers la lumière. J'ai commencé à me responsabiliser et à comprendre la loi de causalité : tout ce qu'on pense, dit ou fait a une conséquence directe sur notre vie.

Au début, c'était difficile à avaler étant donné l'état pitoyable dans lequel je me suis retrouvée. J'avais tendance à rejeter la faute sur les autres, sur les circonstances, mais jamais je ne me remettais en question. J'étais une pauvre victime! Mon amie Nanette adhérait elle aussi au bouddhisme et elle m'a encouragée à continuer ma méditation quotidienne. Son soutien m'a aidée à traverser le voile des ténèbres et m'a permis de retrouver mes esprits pour redonner un sens à ma vie. C'était le début d'un temps nouveau!

Comme la vie est bien faite, j'ai rencontré un musicien avec qui j'allais développer une relation amoureuse afin de me faire travailler mon côté victime! Je vous explique.

Après quelques mois de sobriété, je l'ai rencontré dans un bar où il jouait avec son groupe. Comme j'étais nouvellement sobre, mon discernement n'était pas à son paroxysme. Lui musicien et moi chanteuse! Wow! C'était un signe du destin! Nous avons formé un groupe ensemble et je suis remontée sur les planches. Enfin, la chance me souriait, nous étions amoureux, nous vivions de notre art, que demander de plus?

Puis au fil des jours, il commença peu à peu à être violent verbalement. Il me dénigrait, m'abaissait, me traitait de tous les noms. Et le lendemain, il s'excusait et je lui pardonnais. Par la suite, les mots sont devenus des coups, des assiettes qui volaient en éclats sur le mur de la cuisine, des portes d'armoires brisées... J'étais terrorisée! J'étais à nouveau victime! Nous avons cessé de travailler ensemble, mais pas d'être un couple.

J'ai été sollicitée pour chanter avec un groupe très populaire à l'époque. J'ai fait partie de la formation pendant près d'un an, ce qui a eu pour effet de provoquer les crises de jalousie de mon conjoint. Il m'accusait de coucher avec tous les membres du groupe! À cette époque, lui ne travaillait presque pas. C'est moi qui jouais le rôle de pourvoyeuse. Il ne payait ni loyer ni nourriture. Il vivait de l'aide sociale et fumait des joints.

Pendant ce temps, je chantais avec mon groupe dans des endroits parfois pas très recommandables. Je me rappelle d'un, entre autres, où la scène était entourée de broches à poule pour protéger les artistes qui y évoluaient. Les clients avaient la fâcheuse habitude de lancer des bouteilles de bière sur la scène quand ils n'aimaient pas le répertoire d'un groupe ! Adieu la vie de star, les tapis rouges et les traitements royaux que j'avais connus avec *Starmania*.

Chanter dans un bar où personne ne vous écoute, c'est une grande leçon d'humilité. La différence est énorme avec une salle remplie de spectateurs qui paient très cher des billets de spectacle et qui écoutent religieusement les artistes sur scène ! Heureusement j'étais parfaitement bilingue, je fus donc recrutée pour jouer dans des comédies musicales dans le milieu anglophone. Cela m'a permis de gagner ma vie dans un environnement plus favorable. Puis, je suis tombée enceinte de mon fils, Yohan.

Mon conjoint avait enfin trouvé un travail de musicien dans un hôtel, trois soirs par semaine. Il formait maintenant un duo avec une claviériste avec qui j'avais développé une belle relation d'amitié. Cependant j'ignorais que nos deux artistes entretenaient des relations sexuelles entre les spectacles, dans la chambre d'hôtel qui leur servait de loge ! J'ai découvert le pot aux roses quelques mois plus tard. Pas besoin de vous dire que leur association professionnelle s'est arrêtée là ! J'étais stupéfaite ! Une fois de plus, trahie par mon conjoint et par une fille que j'aimais beaucoup, et en qui j'avais confiance !

Parce que mon conjoint était incapable de subvenir aux besoins de notre famille, j'ai dû travailler jusqu'à deux semaines avant l'accouchement. Je me revois, avec mon immense bedaine, sur scène cinq soirs par semaine, à faire le clown, dans une comédie musicale anglophone ! J'ai réussi à trouver une actrice pour me remplacer, mais elle devait honorer un autre contrat de théâtre un mois plus tard. Un mois ! Un seul petit mois pour donner naissance à Yohan et revenir sur scène. J'espérais que mon fils n'allait pas tarder à venir au monde ! Il est arrivé exactement à la date prévue. Ça me laissait deux grosses semaines pour me remettre sur pied ! J'étais épuisée !

Mon fils dormait très peu ! Je ne me souviens pas d'avoir dormi plus de trois heures par nuit. La tension montait entre mon conjoint et moi. Il était de plus en plus frustré de ne pas travailler et moi, de plus en plus exténuée. La violence a atteint son paroxysme. Un jour, il m'a empoignée par le cou et il a essayé de m'étrangler par terre, sur le plancher du salon. Les yeux pleins d'eau, j'ai vu mon fils d'un an ramper vers nous. En le voyant, mon conjoint a relâché son étreinte. Mon fils venait de me sauver la vie une première fois.

Je ne savais pas comment m'extirper de cette vie infernale. Quand on est violenté, on a peur, on a honte, on se sent coupable et on se referme comme une huître. On en vient même à protéger son bourreau et, pire, à l'excuser. C'est complètement fou, mais il faut avoir été brutalisé et contraint par la force pour comprendre. On prend tout le blâme. Les batteurs de femmes sont souvent des faibles et des lâches qui utilisent ce moyen pour se valoriser et remonter leur estime d'eux-mêmes. Ce sont des manipulateurs qui arrivent à te faire croire que tout est de ta faute. Si tu reçois des coups, c'est que tu les mérites ! C'est ce qu'il a réussi à me faire croire. Ma confiance en moi était à son niveau le plus bas.

Alors que je mangeais avec mon amie Nanette à notre restaurant de sushis préféré, elle me demande : « Qu'est-ce qui ne va pas ? Tu as l'air bizarre. »

J'essayais tant bien que mal de camoufler ma honte et ma grande détresse, mais elle avait tout vu. J'ai décidé de parler, enfin ! J'ai tout déballé : les crises de jalousie, la violence verbale et physique, mon fils qui m'a sauvé la vie pendant qu'il essayait de m'étrangler.

Nanette a agi sans hésitation. Elle a pris mon visage entre ses mains et m'a dit : « Tu sors de là immédiatement ! Ça suffit ! Il a assez abusé de toi ! Tu entends ce que je te dis ? Tu le fous à la porte ! S'il te touche encore une fois, tu appelles la police. Le bail est à ton nom, il n'est pas chez lui ! »

Je réponds faiblement : « Oui, mais… »

Elle continue : « Tu dois cesser d'être une victime ! Le bourreau ne peut pas exister s'il n'y a pas de victime. Tant que tu accepteras de jouer ton rôle de victime, il va continuer à jouer son rôle de bourreau ! Sois forte et tiens-toi debout ! Tu es responsable de ce qui t'arrive. Tu lui donnes la permission de te maltraiter. Ne lui accorde plus ce pouvoir. »

Un autre ange est donc passé dans ma vie, et il s'appelait Nanette !

Sérieusement, j'étais éberluée. Elle venait de me rendre responsable de ce qui m'arrivait ! C'était la première fois de ma vie que je faisais face à cette réalité aussi manifestement. Elle avait tellement raison ! Cette douloureuse situation devait cesser immédiatement.

Je suis retournée chez moi tremblante, les jambes molles, la bouche sèche, mais le cœur rempli des mots de sagesse de ma grande amie Nanette. J'ai pris mon fils dans mes bras pour me protéger de la colère imminente de mon conjoint. Je savais qu'il ne me toucherait pas si je tenais Yohan serré contre moi. Je lui ai demandé de partir sur-le-champ, sinon j'appelais la police. Il a menacé de m'arracher la tête.

Il voulait que je dépose mon fils par terre. J'ai refusé, bien sûr. Il m'a lancé une lampe par la tête ; en me baissant, j'ai pu l'éviter. Il frappait dans le mur avec ses poings. J'ai décroché le téléphone pour appeler la police. Il a fait sa valise rapidement et il est parti en détruisant tout sur son passage, mais il ne m'a pas touchée grâce à mon fils que je tenais bien blotti sur mon cœur. Yohan venait de me sauver la vie pour une deuxième fois.

J'ai téléphoné à Nanette pour lui raconter ce que je venais de vivre. J'étais hystérique ! Je pleurais, je riais, je vivais un choc monumental ! Je venais de me tenir debout pour la première fois de ma vie ! J'ai changé les serrures, j'ai reconstitué mes forces mentales et physiques, et je me suis refait une beauté intérieure, en plus d'entreprendre la reconstruction de ma vie.

Nanette et moi avions découvert Ramtha, une entité canalisée par une femme répondant au nom de Judy Zebra Knight. Les messages livrés par Ramtha nous touchaient énormément et nous avions décidé, Nanette et moi, de prendre l'avion pour aller le rencontrer à Atlanta (se manifestant à travers J.-Z. Knight), où il donnait une formation de deux jours. Cette rencontre a changé ma vie ! Je suis revenue transformée, remplie d'énergie et d'assurance. Le message de Ramtha était simple : Nous sommes les créateurs de notre vie. Nous avons le pouvoir de changer les choses. J'ai compris à ce moment-là le concept de la responsabilisation. J'ai lu plusieurs de ses livres : *La Dernière*

Valse des tyrans, Les Sessions : Les Jours à venir, Les Sessions : L'Âme sœur, Manifesting Through the Mind of God…

Décidément, Nanette et moi avions la même quête spirituelle. Nous parlions pendant des heures de nos découvertes mutuelles, nous partagions la même vision des choses, nous étions sur la même longueur d'onde. Elle a été la pierre angulaire de ma vie : toujours présente dans les moments difficiles que je traversais, même à ce jour. Elle a été mon inspiration pour chanter. Je l'appelle affectueusement *ma sœur cosmique.*

Je suis déménagée dans les Laurentides pour établir une distance entre mon ex et moi. Je vivais paisiblement à Sainte-Adèle dans un environnement calme et harmonieux. Mon fils grandissait à vue d'œil, il avait maintenant trois ans. C'est là que j'ai expérimenté la force de la loi d'attraction. Permettez-moi de préciser un peu.

J'avais participé à l'émission de Jean-Pierre Coallier, *Ad Lib*, où j'avais rencontré le magicien Alain Choquette avec qui j'avais sympathisé. Je le trouvais charmant et il m'a dit qu'il était natif de Sainte-Adèle et que sa mère habitait toujours là-bas, ainsi que son frère aîné. Comme il était en couple, je lui demande à la blague si son frère est célibataire. Il me répond par l'affirmative. Puisque les blonds aux yeux bleus ne m'attirent pas, je me suis surprise à imaginer que son frère lui ressemblait peut-être, mais en version brun aux yeux bruns. Quelques semaines passent…

En faisant mes courses au supermarché IGA du coin, bang ! Collision panier à panier, dans la section des fruits et légumes, avec un bel homme qui ressemble étrangement à Alain Choquette, sauf pour les cheveux et les yeux : ils étaient bruns ! Il me reconnaît en raison de l'émission que j'ai enregistrée avec… son frère Alain ! Je suis presque tombée dans les pommes ! Je venais de rencontrer Daniel, mon mari éventuel ! Nous étions très amoureux. Pour la première fois de ma vie d'adulte, je menais une vie saine, harmonieuse et équilibrée.

Daniel et moi suivions des cours de djembé (tam-tam africain) aux Foufounes électriques. Nous adorions la musique africaine et latine. L'idée de réaliser un autre album me trottait dans la tête. J'aurais souhaité faire de la musique du monde, mélanger les styles et les cultures. Je devais d'abord dénicher un musicien avec une grande culture de la musique latine et africaine, qui pourrait m'aider à écrire des chansons. J'ai tâté le terrain du côté de mon ami Serge Fiori. Il m'a tout de suite recommandé un musicien très connu dans la *world music*, dont je tairai le nom et que nous appellerons JF.

Un jour que Daniel et moi étions à notre cours de djembé, j'aperçois JF. Je l'avais rencontré une fois, quelques années auparavant. J'étais allée à son studio pour enregistrer une voix pour une pièce de théâtre d'été. Je me souviens du sentiment que j'avais ressenti en montant les marches pour me rendre à son studio. Je m'étais dit : *Jamais je ne vivrai dans un endroit comme ça !* Et que dire du sentiment de répulsion que j'avais ressenti à son contact ? Le poil me hérissait sur les bras dès qu'il m'approchait. J'avais rapidement fait enregistrer ma voix et j'étais partie en courant !

Comme mon désir d'un album était plus fort que tout, encouragée par mon nouveau mari, je suis allée lui parler pour lui demander s'il souhaitait écrire la musique de mon album. Il m'a dit qu'il serait ravi de m'aider à réaliser mon rêve. J'ignorais dans quelle galère j'allais encore m'embarquer !

Je croyais bien en avoir terminé avec mon côté victime, mais… la vie nous teste sans arrêt pour voir si nous avons bien appris la leçon.

J'avais aussi à me transcender : ma confiance en moi n'était pas à point. JF était la personne idéale pour m'obliger à faire un face-à-face avec moi-même, mais je l'ignorais à ce stade embryonnaire de nos fréquentations professionnelles.

Nous avons donc commencé à travailler ensemble sur mon album de musiques du monde. Au début, tout allait comme sur des roulettes. Je me rendais presque tous les jours à Montréal au studio de JF, où j'étais allée quelques années auparavant. Le même sentiment de répulsion m'habitait chaque fois que je gravissais l'escalier qui menait au studio. Je n'étais pas très à l'aise en présence de JF, comme si mon âme anticipait ce qui se préparait. Mais j'écartai du revers de la main mon malaise en me disant que c'était le fruit de mon imagination. Après tout, il était vraiment gentil et surtout très talentueux.

JF était un charmeur, un menteur et un manipulateur de haut niveau. Je n'avais jamais rencontré un individu de la sorte auparavant. Je ne me suis pas méfiée. Les semaines passèrent et notre relation professionnelle devint un peu plus personnelle. Nous commencions à ressentir de l'attirance l'un envers l'autre. J'étais envoûtée. Ma répulsion du début s'était transformée en obsession !

Comme nous étions mariés tous les deux, nous avons mis notre relation en veilleuse. Un jour, il me dit que sa femme le quittait. De mon côté, mon couple avec Daniel se détériorait de jour en jour. Je passais plus de temps à Montréal qu'à Sainte-Adèle et j'en avais assez de faire la navette quotidienne. J'ai décidé de vendre la maison, afin d'aller m'installer à Montréal.

Je dois spécifier que j'étais propriétaire d'une maison centenaire en pièce sur pièce, construite en 1875. Un jour, une dame est venue la visiter. En entrant dans la cuisine, elle s'exclame : « Mon Dieu ! Il y a beaucoup de monde ici ! » Comme je ne voyais qu'elle et moi dans la pièce, je lui demande : « Que voulez-vous dire ? » Elle me répond : « Il y a plusieurs entités, dont une plus dominante, mais ce n'est pas grave, je vais faire le ménage. Je vais enfumer chaque recoin avec de la sauge et de l'encens spécial avant d'emménager ici ! » Le sol s'est dérobé sous mes pieds.

J'avais effectivement senti *une* présence dès mon premier tour de la propriété, mais je n'y avais accordé aucune importance jusqu'au jour où j'ai constaté que les portes d'armoire s'ouvraient toutes seules et les objets changeaient de place. Même que des amis qui avaient dormi à la maison avaient vu une forme blanche au-dessus de leur lit... En compagnie de la dame, j'ai senti un froid glacial monter le long de ma colonne vertébrale ! Elle venait de confirmer mon ressenti et d'expliquer tous ces phénomènes étranges.

Cette dame m'a fait une offre d'achat et elle est partie à la banque pour chercher du financement. Le lendemain, elle m'appelle pour régler un petit détail et, pendant que je suis au téléphone avec elle, mon mari me crie : « Viens vite, Sylvie ! La maison est en feu ! » Je dis à mon interlocutrice : « Désolée, je dois raccrocher. La maison brûle ! » Du toit, montaient vers le ciel de longues flammes orangées. Tout le deuxième palier s'embrasait sans que nous puissions circonscrire l'incendie. Le plancher se consumant, nous devions appeler les pompiers sans tarder… Pas besoin de vous dire que la vente est tombée à l'eau, tout comme le reste de la maison ancestrale arrosé avec de gros boyaux !

Je me demande encore si ce n'est pas l'entité qui a provoqué cet incendie afin d'empêcher l'acheteuse d'acquérir la maison et de faire le « ménage »…

L'eau qui avait servi à éteindre le feu avait inondé le sous-sol fraîchement rénové ! La chambre principale était à ciel ouvert, les murs gonflés d'eau et noircis par la suie. Nous sommes déménagés chez un couple d'amis en attendant la fin des travaux de rénovation. Qu'est-ce que la vie essayait de me dire ? Cette saga a eu raison de notre couple et j'ai dû mettre un terme à ma relation avec mon mari.

J'ai gardé la maison de Sainte-Adèle, mais j'y passais très peu de temps, car j'étais toujours à Montréal chez JF.

Après nos séparations respectives, JF et moi pouvions laisser libre cours à nos sentiments. Un jour où nous étions en train de faire l'amour chez lui, j'entendis la porte d'entrée s'ouvrir. JF me dit : « Ça doit être ma femme. » Je lui réponds : « Je croyais qu'elle était partie ! » Il me dit : « Oui, mais elle a encore la clé de chez moi ! Vite, cache-toi dans le placard ! » Et il me pousse, toute nue dans le placard, me lance mes vêtements par la tête et ferme la porte !

Il s'est empressé d'aller rejoindre son ex-épouse et de faire diversion afin qu'elle évite d'aller dans la chambre à coucher. J'étais debout dans l'obscurité, à côté du chauffe-eau, à essayer de me rhabiller sans faire tomber les cintres, en priant tous les dieux du ciel qu'elle n'ouvre pas la porte du placard. Quel spectacle elle aurait eu ! Je suis restée enfermée là environ une bonne heure. Avec le recul, je me dis que comme l'occasion s'y prêtait tant, j'aurais dû prendre mes jambes à mon cou et ne plus jamais retourner chez JF! Mais… je suis restée!

JF m'a offert de déménager chez lui et d'investir dans son studio. Il voulait le perfectionner. Son argument était celui-ci : «Si c'est ton studio à toi aussi, tu n'auras rien à débourser pour enregistrer ton album et en même temps ça va te rapporter de l'argent quand nous le louerons à d'autres musiciens. Tu vas récupérer tes billes très rapidement et ton album ne te coûtera rien…» L'argument était bon! J'ai investi plusieurs milliers de dollars dans une nouvelle console à plus haute performance et je suis déménagée dans cet endroit qui m'avait donné si froid dans le dos, la première fois que j'y avais mis les pieds!

C'est à partir de cette décision que tout a chaviré. Comme je ne payais plus pour mes heures de studio, j'étais toujours la dernière à enregistrer. La location des heures de studio allait bon train et JF priorisait les clients. Je devais me contenter des heures qui restaient, souvent de nuit, lorsque j'étais complètement exténuée… Lui, c'était un oiseau de nuit; il n'avait aucun problème à poursuivre l'enregistrement jusqu'à 4 heures du matin! Moi j'avais à m'occuper de mon fils. Nous vivions sous le même toit avec un grand décalage horaire.

Le comportement de JF a commencé à changer vis-à-vis de moi. Il me disait quelque chose une journée et le contraire le lendemain. Si je lui faisais remarquer, il me traitait de folle et ajoutait que je ne savais pas ce que je disais. Je me remettais constamment en question. Je me suis mise à penser sérieusement que toutes mes années de consommation excessive de drogues avaient eu raison de ma santé mentale.

Puis, quand j'enregistrais ma voix sur une de nos compositions, JF me dénigrait en prétendant que telle chanteuse serait bien meilleure que moi pour interpréter cette chanson. J'étais figée et sans voix (c'est le cas de le dire !) devant tant de mépris. Je ne savais pas quoi répondre à ça ! J'avais perdu confiance en mon talent. Je n'arrivais plus à chanter ! Les sons restaient bloqués au fond de ma gorge. JF me disait devant tout le monde que j'étais une *has-been* et que j'étais trop vieille pour être une chanteuse. Et je restais là, au vu et au su de tous, complètement pétrifiée par tant de méchanceté, comme un chevreuil devant les phares d'une voiture…

J'étais prise dans une situation sans issue. J'avais déjà investi tellement de temps et d'argent dans l'écriture de mon album que partir me semblait la pire catastrophe à envisager. Alors j'endurais l'insupportable. Je me tapais tous les changements d'humeur de mon conjoint, ses hauts et ses bas, ses insultes, en me convainquant que j'étais presque au bout de mes peines, que bientôt j'aurais en main mon nouveau « bébé »…

Mais, comme par hasard, JF n'avait plus de temps pour m'écrire des chansons. Il devait composer pour d'autres artistes toujours plus importants et meilleurs que moi… Il étirait la sauce en se doutant de mon départ éventuel, une fois l'album produit. Et il ne voulait pas que je parte…

La vie a remis sur mon chemin un autre ange : un ami musicien que j'avais perdu de vue depuis plusieurs années, qui avait changé de carrière pour devenir psychothérapeute. En parlant avec moi, il a bien vu qu'il y avait anguille sous roche. Il ne retrouvait pas la Sylvie rieuse et pleine d'énergie qu'il avait connue. Je me plaignais de mes malheurs, que je vivais avec un monstre, etc. Je me repositionnais en victime. Il m'offrit de le rencontrer à son bureau. J'ai commencé une thérapie en me disant que je n'avais rien à perdre. Au fil des rencontres, je me suis bien rendu compte que je n'étais pas folle. Ouf!

En fait, mon thérapeute a décelé chez JF un comportement de type maniacodépressif. Alors tout s'expliquait! Ses changements d'humeur brusques, ses crises de nerfs inexpliquées. Je n'en étais pas la cause! Alléluia!

J'en ai profité pour travailler sur mon manque d'estime de moi et sur ma victime, toujours là, tapie dans l'ombre, prête à reprendre du service à tout moment. J'ai aussi appris que de mettre mon attention sur l'aspect négatif n'apporte que du négatif. Tout ce que j'essayais d'enrayer, je le nourrissais de mes plaintes et lui donnais du pouvoir!

J'ai appris à faire attention aux mots que je choisissais pour exprimer mon ressenti. J'ai appris également à parler de manière positive et à employer le *je*. J'ai appris à me responsabiliser sans me taper sur la tête, sans culpabilité; j'ai appris que je devais m'aimer d'abord avant de pouvoir aimer quiconque. J'ai appris, j'ai appris, j'ai tellement appris!

Après un an de thérapie, j'avais les outils nécessaires pour faire face à mon bourreau. J'avais encore une fois compris que j'étais la seule responsable de mon malheur. J'étais celle qui donnait la permission à JF de me traiter de façon méprisante et irrespectueuse.

Un jour, je suis arrivée au studio armée de courage et d'amour pour moi, et j'ai dit à JF: «Je te quitte!» J'ai fait ma valise et celle de mon fils, et je me suis dirigée vers la porte. Il était à genoux à mes pieds et criait à travers ses sanglots: «Je t'en prie, ne me quitte pas! Je vais mourir si tu t'en vas!» Le bourreau était devenu une toute petite victime fragile et vulnérable. Comme quoi, lorsque nous prenons position et que nous nous choisissons, les gens n'ont plus aucune influence sur nous.

Et je suis partie, laissant derrière moi mon rêve inachevé, la moitié d'un studio qui m'appartenait et un être profondément malheureux qui, bien malgré lui, m'a tant appris et m'a aidée à grandir. Dans la vie, nos plus grands maîtres sont souvent les personnes qui nous font le plus souffrir. Je ne suis plus jamais retournée dans ce studio qui, au départ, m'avait tellement dégoûtée. À partir de ce moment, je devais faire confiance à mon ressenti et à mon intuition.

Il me fallait vite trouver un appartement : j'en ai donc loué un dans le quartier Hochelaga-Maisonneuve.

J'avais toujours ma maison à Sainte-Adèle, mais je ne voulais pas retourner vivre là-bas. J'ai décidé de la louer ainsi que le petit appartement au-dessus du garage.

J'ai loué la maison principale à Louise, une gentille dame, et le petit appartement à Paul, un « ami ». Paul était un menuisier et mon petit appartement avait besoin de rénovations. Nous avons conclu un marché : il rénovait l'appartement sans frais et je ne lui facturais pas de loyer. En apparence, tout était parfait.

J'allais apprendre, à mes dépens, qu'à cette époque, Hochelaga-Maisonneuve était un quartier plus ou moins sécuritaire. Je me suis fait cambrioler deux fois en un mois. Une jeep piégée avait explosé juste devant chez moi, tuant un jeune garçon de 11 ans, l'âge de mon fils – une victime innocente de la guerre entre bandes de motards. En rentrant chez moi le soir, je trouvais parfois un homme couché juste devant ma porte d'entrée. Ignorant dans quel état il avait sombré, je devais demander l'aide de la police pour entrer chez moi.

Pendant ce temps à Sainte-Adèle, Paul est tombé amoureux de Louise, ma locataire, et il est déménagé chez elle, laissant en plan tous les travaux du petit appartement au-dessus du garage. C'était un vrai chantier ! Il avait commencé à démolir pour reconstruire, mais il n'avait jamais rebâti. Il y avait une montagne de débris, de bois, de plâtre, de tuiles cassées au beau milieu du salon. Je lui ai demandé ce qu'il comptait faire et il m'a dit qu'il allait terminer les travaux sous peu. Comme c'était un « ami », je l'ai cru et je lui ai fait confiance… mais il n'a jamais tenu parole.

Puis un jour, au beau milieu du mois de janvier dans un froid record de -40, Louise et Paul sont partis sans laisser d'adresse et sans mettre un minimum de chauffage dans la maison. Résultat : les tuyaux ont explosé. Un voisin m'a appelée quelques jours plus tard pour m'en aviser. Imaginez l'état des lieux ! Il y avait tellement d'eau au sous-sol, on aurait dit une piscine. Tous les planchers de bois du rez-de-chaussée étaient une perte totale. Je me retrouvais avec une maison et un appartement impossibles à louer avant plusieurs mois. Ma naïveté et mon grand cœur m'avaient encore joué un vilain tour… Je me devais de tirer une leçon de cette expérience.

Pendant ce temps, je tentais de sous-louer mon appartement dans Hochelaga-Maisonneuve. Je souffrais tellement d'insomnie la nuit que j'avais défait ma tête de lit en bois pour barricader la porte d'entrée. Je dormais avec un couteau sous mon oreiller. Ce n'était plus une vie pour mon fils et moi. Mon propriétaire refusait d'annuler le bail, j'avais la responsabilité de trouver des locataires rapidement.

J'ai trouvé un couple d'architectes souhaitant louer immédiatement ! Des gens très bien avec beaucoup de classe.

Le jour de la signature du bail, je suis dehors sur le balcon en avant et j'attends mon propriétaire et les nouveaux locataires. Je vois un ivrogne complètement bourré tourner le coin de ma rue; il titube et le voilà qui s'étend de tout son long de travers dans mes marches! En prime, il urine dans son pantalon! Mon Dieu! Que faire? Il ne faut surtout pas que le couple d'architectes le voie ainsi. La location de l'appartement est en jeu. Paniquée, j'essaie de l'aider à se relever, mais il est trop lourd. Il dort, il ronfle même! Et cette odeur d'urine! Pouah!

Mon propriétaire, enfin arrivé, m'aide à le remettre debout et à le pousser derrière la haie de cèdres juste à côté de la maison où il a continué à dormir comme si de rien n'était. Je souhaitais qu'il ne se relève pas de son profond sommeil éthylique avant que les éventuels locataires n'aient signé le bail! Finalement, ils ont signé le document! Je suis donc déménagée dans le paisible quartier Notre-Dame-de-Grâce.

La journée du déménagement, je venais de mettre la dernière boîte dans ma voiture, je regarde autour de moi pour dire au revoir à Hochelaga-Maisonneuve, j'embarque dans la voiture avec mon fils, et je démarre. Je fais à peine un mètre que j'entends un gros POW! Je croyais qu'on me tirait dessus!

Je me suis couchée sur le siège de la voiture en sommant mon fils d'en faire autant. J'attendis quelques secondes, plus rien… Le cœur battant la chamade, je sortis de la voiture et je fis le tour de la voiture à quatre pattes. C'est là que je vis une longue tige de métal plantée dans mon pneu avant! C'était donc ça la cause de la détonation! Ouf!

J'étais ébranlée, mais soulagée de ne pas être la cible de tueurs potentiels. Mais… il y avait un mais. J'ignorais comment changer un pneu crevé… Non sans mal, j'ai enlevé la tige de métal et j'ai roulé jusqu'au garage le plus près. Pas de chance, c'était un libre-service, donc pas de garagiste pour m'aider avec ma crevaison. Je me suis assise avec mon fils sur le bord du trottoir sur la rue Sainte-Catherine, dans le quartier des toxicomanes et des prostituées, et je me suis mise à pleurer à chaudes larmes. Moi qui croyais mon cauchemar terminé, je n'étais pas au bout de mes peines. Puis un ange est apparu...

Un inconnu s'est arrêté pour faire le plein et il a remarqué ma détresse. Il s'est approché et m'a demandé s'il pouvait m'aider. Je lui explique entre deux sanglots ma mésaventure et sans hésiter, il répare ma crevaison en deux temps, trois mouvements ! Je l'aurais embrassé ! J'étais tellement reconnaissante !

Je me suis finalement installée dans mon nouvel appartement qui respirait la paix et le bonheur. Cette paix serait de courte durée... Pendant ce temps à Sainte-Adèle, les travaux étant terminés, j'ai enfin pu louer ma maison et le petit appartement au-dessus du garage. Les trois mois sans locataires qu'il avait fallu pour tout rénover commençaient à peser lourd financièrement. En plus de l'argent que j'ai dû débourser de ma poche pour terminer les travaux dans le petit appartement.

J'ai enfin trouvé deux locataires pour la maison et l'appartement. Quel soulagement ! Deux infographes associés en affaires. Ils avaient l'air fiable et très gentil. Tout allait bien pendant quelques mois. Puis, du jour au lendemain, les chèques de loyer n'arrivaient plus...

Je me rends à la maison pour voir ce qui s'y passe et, au lieu d'y trouver mes locataires, je tombe sur deux inconnus et leurs pitbulls, qui vivent chez moi. Je constate l'état lamentable des lieux. Tout est sens dessus dessous, de grosses couvertures ont été clouées devant les fenêtres pour empêcher la lumière de pénétrer dans la maison. On dirait une piquerie pour héroïnomanes !

Je demande si mes locataires sont là, ils me répondent qu'ils ont disparu et qu'ils ne savent pas où ils se trouvent… Je leur explique que le loyer n'a pas été payé depuis trois mois et que j'aimerais qu'ils sortent de chez moi. Ils me répondent qu'ils ne sont au courant de rien, que de toute façon le bail n'est pas à leur nom, qu'ils ne sont que des amis du locataire et que je devrais aller chercher un bref d'expulsion à la Régie du logement. Et ils me ferment la porte au nez ! J'ai appelé la Régie du logement pour apprendre que je n'ai pas le droit de mettre quelqu'un à la porte, même s'il ne paie pas son loyer et même si les gens qui y vivent ne sont pas mes locataires ! Je dois attendre que ma cause soit entendue et ça peut prendre jusqu'à un an avant que justice soit faite !

Ça parle au diable ! J'appelle un ami huissier pour voir s'il n'y a pas de recours légal. Il me répond que je n'ai pas le droit de me faire justice moi-même et que je suis forcément obligée de passer par la lourde bureaucratie de la Régie du logement !!!

À ce moment-là, les fils dans ma tête se sont touchés ! J'ai pété un câble ! C'était de l'abus et j'avais dit NON à l'abus sous toutes ses formes ! Je ne pouvais pas me permettre d'avoir des loyers non payés pendant un an ! C'en était trop ! J'appelle Thierry, un ami, ancien légionnaire dans la Légion étrangère, pour lui demander de m'aider avec cette situation fort délicate. Nous nous rendons à la maison, je cogne à la porte, personne à l'intérieur à part les deux pitbulls. Je décide d'entrer quand même. Quand j'ai vu l'état des lieux, je me suis presque évanouie. Les deux chiens avaient probablement été laissés seuls dans la maison depuis plusieurs jours. Ils

45

étaient affamés, et ils avaient fait leurs besoins partout dans la maison. Même jusque dans les lits de leurs maîtres !

Mes planchers de bois étaient brûlés par leur urine, les pauvres bêtes avaient marché dans leurs excréments et avaient laissé des empreintes de pattes souillées partout sur les planchers. Et que dire de l'odeur ! Sur la table de cuisine, il y avait des pipes en verre pour fumer du crack ou de l'héroïne, des seringues ; bref, le kit du parfait petit toxicomane ! J'ai nourri les chiens et je leur ai donné de l'eau fraîche.

Puis j'ai trouvé dans le salon des instruments de musique, des amplificateurs, des micros. Il devait y en avoir pour plusieurs milliers de dollars. Thierry me dit : « On embarque tout ça dans ta camionnette, tu auras quelque chose pour négocier ! » Et nous sommes partis avec tout le matériel, non sans avoir laissé cette note : « Si vous voulez récupérer vos choses, vous avez une semaine pour évacuer les lieux, sinon je vous dénonce à la police pour trafic de drogues. Je suis certaine que vous ne souhaitez pas les voir débarquer chez vous, n'est-ce pas ? Vous me joignez à ce numéro et nous prendrons des arrangements afin de vous rendre vos instruments. »

Le soir même, je recevais un appel de mes locataires indésirables. Ils me menaçaient de me casser les jambes si je ne leur rendais pas leur équipement ! Je tremblais comme une feuille, mais je me suis tenue debout et je n'ai pas baissé les bras. Je leur ai dit que leurs menaces ne me faisaient pas peur et que je n'étais pas négociable. C'était *my way or the highway* ! Ils ont été forcés de se plier à mes demandes. Nous avons convenu d'une date et d'une heure pour nous rencontrer à la maison. J'avais exigé que tous leurs meubles et leurs effets personnels soient sortis de la maison au moment de notre rencontre, sinon je ne leur rendrais pas leurs instruments.

Le jour de la rencontre venu, Thierry et moi sommes arrivés à Sainte-Adèle et le camion de déménagement était dans l'entrée de la maison. Nous avons fait l'échange tel que négocié et ils sont partis ! J'étais si fière de moi ! Je ne m'étais pas comportée en victime avec mes locataires. J'ai pris le contrôle de la situation et j'ai réussi à me faire respecter. J'aurais pu courber l'échine et me faire marcher dessus comme un vulgaire tapis d'entrée. Au lieu de ça, je me suis tenue debout devant l'adversité et j'ai gagné ! C'était toute une leçon de vie que je n'ai jamais oubliée.

Je me suis donc encore retrouvée sans locataires, ce qui a suffi pour creuser davantage le gouffre financier dans lequel je m'enlisais.

Puis il y a eu *Demain matin, Montréal m'attend*, une comédie musicale de Michel Tremblay et François Dompierre. Je rêvais de jouer Lola Lee, personnage créé par Denise Filiatrault en 1970 ; 25 ans plus tard, elle signait d'ailleurs la mise en scène de cette nouvelle version.

Les auditions avaient lieu en février au Théâtre des Variétés sur la rue Papineau. Je m'étais habillée comme la *waitress* du monde de Tremblay, Lola Lee : mini-jupe, chandail très décolleté, pas très chic, maquillage très soutenu et coiffure assortie. J'avais enfilé mes talons aiguilles même s'il faisait encore très froid à l'extérieur, en me disant qu'en camionnette, je n'avais pas besoin de bottes. Je me rends à l'audition pour 17 heures, en plein trafic. Je ne peux pas me permettre d'arriver en retard. Je sais que Mme Filiatrault déteste les retardataires. J'avais oublié un petit détail par contre : mettre de l'essence…

Je roulais rue Rachel en direction est, arrivée à l'intersection de Papineau je mets mon clignotant pour tourner à gauche et… je tombe en panne d'essence juste là, au beau milieu de la rue. Je bloque la circulation est et ouest sur Rachel. Tout le monde me klaxonne. Je sors de la voiture pour essayer de la pousser hors d'état de nuire, mais la camionnette est trop lourde pour moi toute seule et je glisse avec mes petits talons hauts. J'avais l'air de Bambi sur la glace! On aurait dit une fille de joie qui vient de finir sa journée de travail!

Les automobilistes impatients me criaient des noms, mais personne n'est venu m'aider à déplacer ma voiture. Personne sauf… une femme! À deux, nous avons réussi à bouger la voiture et à la garer sur la rue Papineau. J'ai remercié la dame, j'ai pris un bidon d'essence vide dans le coffre arrière, dans l'espoir de faire le plein au garage à côté du Théâtre des Variétés après mon audition, et j'ai couru deux coins de rue avec mes souliers à talons aiguilles dans la neige. Je suis arrivée à l'audition en nage, le mascara coulé sur les joues, les cheveux hirsutes, le bidon d'essence dans les mains et les pieds gelés.

J'étais en état d'urgence! C'était exactement l'état du personnage que j'avais à jouer pour l'audition. Comme la vie est bien faite.

Grâce à cet incident de parcours désagréable, j'ai décroché le rôle! J'étais folle de joie.

Je n'arrivais toujours pas à vendre la maison, et à cause de mes problèmes financiers, j'avais omis de faire mes déclarations de TPS/TVQ pendant quelques trimestres. Je devais quelques milliers de dollars au gouvernement. J'avais essayé de prendre des arrangements avec eux, mais ils ne voulaient rien entendre. Aucune possibilité de négocier. Le gouvernement a mis une saisie sur la totalité de mon salaire de *Demain matin, Montréal m'attend*. Je n'avais plus un sou pour vivre et nourrir mon fils ! J'ai appelé le charmant employé du gouvernement qui s'occupait de mon dossier pour plaider ma cause et lui faire comprendre que sans argent, il était impossible pour mon fils et moi de survivre. Il m'a répondu, sur un ton blasé : « Ça, ce n'est pas mon problème, madame. »

Devant tant de compassion et de chaleur humaine, j'ai dû me rendre à l'évidence et déclarer faillite. J'ai perdu la maison de Sainte-Adèle dans la transaction, mais j'ai pu récupérer mon salaire de *Demain matin, Montréal m'attend*. Quelle autre jolie leçon d'humilité !

Je lisais énormément de livres sur l'abondance et sur l'épanouissement personnel à cette époque. Des livres comme *Abundance Through Reiki* de Paula Horan, *La Prophétie des Andes* de James Redfield, *Conversations avec Dieu* de Neale Donald Walsch, *Manifesting Through the Mind of God* de Ramtha, *Les Lois dynamiques de la prospérité* de Catherine Ponder, *L'Art du pouvoir* de Thich Nhat Hanh, *Le Pouvoir du moment présent* d'Eckhart Tolle et tous les livres de Paulo Coelho. Toutes mes lectures m'ont bien fait comprendre que j'avais créé de toutes pièces ma situation financière par ma pensée, mes paroles et mes actions ! J'étais encore une fois responsable de ma vie.

C'est certain que dans une situation aussi précaire que la mienne à l'époque, c'est la dernière chose que nous voulons entendre ! En même temps, c'est la seule façon de mettre un terme à cette souffrance. Nous sommes des êtres créateurs et c'était important pour moi de le comprendre une fois pour toutes. J'ai donc décidé de renverser la vapeur et de me créer une vie remplie de joie, d'abondance et d'amour.

J'étais enfin libérée de tous mes soucis financiers. Je n'avais plus rien à perdre. Je n'avais même plus d'attaches sentimentales. Personne dans ma vie à part mon fils. J'avais l'impression d'être en état d'apesanteur et de flotter comme un astronaute en orbite autour de la Terre. Nous sommes très attachés à nos « choses » et nous nous battons comme le diable dans l'eau bénite pour les garder sans nous rendre compte que, parfois, ces « choses » nous empêchent d'avancer. On a l'impression de pédaler dans la mélasse !

J'avais créé le vide dans ma vie et comme l'univers déteste le vide, il fait tout en son pouvoir pour le remplir.

C'est exactement ce qui s'est passé. J'ai enchaîné les projets de télévision et de théâtre, je suis artistiquement comblée !

J'ai décroché un rôle dans la nouvelle série de Richard Blaimert : *Le monde de Charlotte*. C'était une joie de jouer le personnage d'Élizabeth aux côtés de Marie-Thérèse Fortin, qui campait Françoise, la mère de Charlotte. Une vraie bénédiction !

Je me suis également jointe à la merveilleuse équipe de *L'Auberge du chien noir*. J'y joue le personnage de Sylvie Provencher aux côtés de Claude Prégent, pour qui j'ai une affection toute particulière (Normand Castonguay, mon mari reconquis), de Catherine De Sève (ma fille, Anaïs) et de Rita Lafontaine (ma mère, Nicole Provencher). Ma complicité avec Rita donne lieu à des scènes très cocasses. Nous n'avons pas besoin de nous parler pour comprendre exactement ce que pense l'autre… Ça fait 14 ans déjà que cette émission existe et les mots me viennent difficilement pour décrire ce plaisir renouvelé de nous retrouver à chaque épisode! Nous formons une grande famille tricotée serrée. Juste à y penser, mon cœur se gonfle de gratitude!

Une autre belle famille s'est créée avec l'arrivée de *Ladies Night* dans ma vie. En 2001, Denis Bouchard a eu l'idée de traduire cette pièce néo-zélandaise en français et il m'a proposé le seul rôle féminin de la distribution. J'ignorais à l'époque que cette pièce allait devenir incontournable! Après 600 spectacles, nous sommes toujours en tournée à travers le Québec! Guillaume Lemay-Thivierge, Frédéric Pierre, François Chénier, Michel Charrette et Marcel Lebœuf, mes complices de tournée, je vous aime!

Puis, Patrick Huard m'offre le rôle de Nancy dans *Taxi 0-22*. Un autre cadeau du ciel! Jouer avec Patrick a été un des moments marquants de ma carrière. Jouer avec Patrick, ça veut dire être dans le moment présent! C'est extrêmement excitant et motivant. Il apprend son texte le matin même de l'enregistrement. Il le regarde une fois, on le répète une fois et c'est parti! Disons qu'il se garde une marge de manœuvre pour improviser… Ça me demandait une présence de tous les instants ici et maintenant. Je n'avais pas le temps de penser à ma prochaine réplique, je la disais quand je sentais qu'il avait fini d'improviser. Nous étions en symbiose totale! C'était génial. De la haute voltige!

J'ai A-D-O-R-É jouer avec lui. Nous nous sommes retrouvés dans *Cadavres* (2008), un film d'Érik Canuel, dans lequel je jouais la mère de Patrick. Chaque matin de tournage, pendant trois heures, je devais subir une transformation majeure de mon visage. À l'aide de prothèses en latex, de maquillage, de perruques et de lentilles cornéennes, les maquilleurs ont fait un travail extraordinaire pour me vieillir et m'enlaidir. C'était une drôle de sensation. D'habitude quand on se lève de la chaise d'un maquilleur professionnel, on est au mieux. Leur travail consiste à faire ressortir tous nos atouts et à camoufler nos petits défauts, mais dans le cas de *Cadavres*, c'était l'inverse ! Je sortais de la salle de maquillage méconnaissable et vraiment pas très jolie…

J'ai enchaîné les rôles autant au théâtre et à la télévision qu'au cinéma. J'avais enfin compris comment fonctionne la Source créatrice. Côté amour, j'attirais dans ma vie des partenaires qui étaient à mon image et à ma ressemblance. Ils agissaient un peu comme un miroir. Ils reflétaient l'état exact dans lequel je me trouvais. Je les remercie tous, car ils m'ont aidée à grandir et à mieux me connaître.

Les personnes qui croisent notre route ne sont pas là par hasard. Nous attirons vers nous, comme des aimants, les gens et les situations nécessaires à notre évolution personnelle. Si nous n'aimons pas une relation dans laquelle nous sommes engagés, il faut regarder pourquoi nous avons attiré cette personne dans notre vie. Quel besoin cette relation a-t-elle comblé ? Une fois que nous comprenons pourquoi nous avons attiré cette relation dans notre vie, nous avons le choix de continuer ou d'arrêter les fréquentations. Il faut avoir conscience que la pensée crée…

2

Réorientation

À la lumière de mes lectures sur l'abondance et la spiritualité, j'ai enfin compris que ma pensée crée mon bonheur ou mon malheur.

J'ai comme livre de chevet depuis plusieurs années *Le Pouvoir du moment présent* d'Ekhart Tolle, dont je lis une page au hasard tous les jours. Ce livre m'a aidée à rester centrée sur la seule chose qui compte vraiment en ce bas monde : le moment présent. Tout le reste n'est qu'illusion.

Quand je suis dans l'instant présent, je n'ai ni peur, ni manque, ni appréhension. J'éprouve de la gratitude pour ce qui est, qui je suis. Dans cet état d'être, je suis en mesure de créer ma réalité à partir de la fréquence de la gratitude et de l'amour. Tout ce que je crée à partir de cette fréquence n'est évidemment que gratitude et amour. Je suis loin de mes peurs et de mes souffrances !

Si par inadvertance je suis prise dans un tourbillon de pensées négatives ou de peur irraisonnée, je respire mes peurs jusqu'à ce qu'elles disparaissent et je reviens au moment présent. Dans le moment présent, nulle menace n'existe, je ne manque de rien, je suis entourée d'amour et j'ai le pouvoir de changer ma pensée instantanément pour une pensée de gratitude et de joie.

Si j'essaie de contrôler les événements et les autres afin d'éviter la souffrance, je fais fausse route. Je n'ai pas de contrôle sur les événements et encore moins sur les autres. La seule chose sur laquelle j'ai le contrôle, c'est ma pensée. À force de m'exercer à revenir au présent et à changer mes pensées négatives en pensées positives, je réussis à édifier une vie agréable, harmonieuse et lumineuse. C'est un peu comme de la gymnastique : il faut travailler nos muscles quotidiennement pour être en forme, de la même façon qu'il faut travailler notre esprit à revenir au présent à chaque instant.

3

Méditation

Je médite aussi quotidiennement. C'est une discipline extraordinaire pour faire taire le mental.

La méditation m'a appris à rester ici maintenant.

Au début, mes pensées s'égaraient sans arrêt. J'avais du mal à rester concentrée plus de 10 secondes à la fois.

Avec la pratique, j'arrive à prolonger mes moments de méditation de plus en plus longtemps.

Lorsque je médite, le temps est suspendu. Il n'y a ni obligation ni distraction.

Ça me permet de me centrer pour faire des choix judicieux, faire le point sur ma vie et mieux me connaître.

Si je ne prends pas le temps de savoir qui je suis, comment puis-je bâtir ma vie à mon image et à ma ressemblance ?

4

~

Un peu de lecture

Il est important pour moi de lire des livres qui m'inspirent. La lecture est une source d'inspiration infinie.

Lisez des mots qui vous touchent et vous transportent, des mots qui font vibrer votre âme, voyager votre conscience et qui élèvent votre fréquence.

Avant de dormir, je lis quelques passages d'un livre qui m'inspire et juste avant de partir au pays des rêves, je répète toujours les mêmes phrases : « *Les richesses de la Source créatrice circulent dans ma vie. Tous mes besoins, mes désirs et mes buts sont réalisés, car je suis un avec la Source et la Source est partout. Je rends grâce d'être dans l'abondance et l'amour de la Source créatrice. Ainsi soit-il.* »

Je demande ensuite la protection de l'archange Michaël et je sombre dans un sommeil paisible et réparateur. Il est important pour moi d'être en état de gratitude le plus souvent possible.

Remercier la Source créatrice est une bonne façon de se connecter à la haute fréquence de la gratitude. Ça me met en état d'ouverture et ça calme mon mental.

5

~

Lâcher prise

Ne pas essayer de tout contrôler fut un dur apprentissage. Mon besoin de savoir ce qui allait arriver demain prenait sa source dans mon insécurité maladive. Il était si important pour moi de régler cette facette de ma personnalité. Regardez le métier que j'ai choisi de pratiquer pour gagner ma vie ! Il n'y a pas de profession plus insécurisante. Je ne sais jamais quand je vais travailler ni pour combien de temps !

Il m'a fallu beaucoup de vigilance et de courage pour arriver à lâcher prise. Parce qu'il faut du courage pour lâcher prise ! Il faut avoir le courage de déposer les armes et de se présenter face à la vie dans toute sa vulnérabilité.

J'ai appris à être comme la rivière qui coule sans tarir et qui, même si elle rencontre des roches ou des branches sur son passage, les contourne sans s'accrocher aux obstacles. Quand quelque chose me contrarie ou m'insécurise, je laisse couler et je remets le tout entre les mains de la Source créatrice, je ne m'accroche plus aux obstacles. Plus besoin de me battre pour obtenir quelque chose, je laisse couler. Je ne contredis plus ni ne tiens tête pour avoir raison, je laisse couler. Quand je vis de l'insécurité, je reviens au moment présent et je laisse couler.

Et tout passe, parce que oui, tout passe. Même les plus grosses souffrances finissent par se tasser. Le secret pour éviter qu'elles durent longtemps, c'est de lâcher prise et de ne pas y être attachée. J'accepte ce qui est, je laisse aller et la souffrance s'en va elle aussi. C'est fou comme j'ai pu être attachée à mes souffrances : on aurait dit que je m'identifiais à elles. Elles étaient mes médailles de guerre, mes cicatrices, mes trophées !

Je comprends aujourd'hui que plus je mets mon attention sur quelque chose, plus cela prend de l'expansion. Pour éviter de souffrir, je n'accorde aucune attention à la cause de ma souffrance. Je vois ce qui est, je l'accepte et je continue ma route. Après tout, c'est moi la créatrice de ma vie ; alors si je souffre, j'en suis à 100 % responsable, n'est-ce pas ?

DEUXIÈME PARTIE

MES LEÇONS DE VIE

6

~

La pensée crée

Celui qui cultive des pensées négatives peut être sûr de voir celles-ci se concrétiser. Cette affirmation est tout aussi valable pour les pensées positives. Les pensées que vous envoyez dans l'univers sont des fréquences vibratoires qui reviennent automatiquement vers vous.

Plus vous pensez à la maladie, plus vous serez malade ; plus vous pensez à la pauvreté, plus elle se manifestera dans votre vie. La Source créatrice vous répond toujours à la fréquence vibratoire de votre pensée. C'est l'effet boomerang.

Tout ce sur quoi vous mettez votre attention prend de l'expansion. Supposons que vous aviez un mur d'un blanc immaculé devant vous et que vous y remarquiez un tout petit point noir. Vous mettriez toute votre attention sur le point noir. Alors, vous verriez le point prendre de l'expansion et grossir. Tellement qu'à la longue, vous ne verriez que le point noir et non le mur blanc.

Tout dans l'univers est fréquence et vibration. Imaginez la Source créatrice comme un appareil radio. Si vos pensées syntonisent la fréquence 98,5, vous n'entendrez que ce qui est émis par cette chaîne. Cela ne veut pas dire que les autres chaînes n'existent pas.

Toutes les autres chaînes émettent simultanément des ondes sur leur fréquence respective. Pour les entendre, il vous faut les syntoniser. Si vous changez votre pensée, vous changez de chaîne et vous recevez des messages différents. Si vous syntonisez la même fréquence depuis des années et que vous en avez assez de vous faire servir la même musique jour après jour, il vous suffit de DÉCIDER de changer de chaîne et d'aller voir ce que vous réserve la fréquence 102,3, par exemple.

« *Tout est énergie, un point c'est tout. Alignez-vous sur la fréquence de la réalité que vous désirez créer et vous ne pouvez pas créer autre chose que cette réalité. Ça ne peut pas être autrement. Ceci n'est pas de la philosophie, c'est de la physique.* »

— ALBERT EINSTEIN

Dans son livre *Les Messages cachés de l'eau*, le Dr Masaru Emoto, chercheur japonais, a fait différents tests avec des cristaux d'eau congelée. Par exemple, il a écrit différents mots sur des éprouvettes d'eau avant de les congeler. Des mots comme *amour*, *gratitude*, *paix* et *joie* produisent des cristaux de forme magnifiquement parfaite.

Des mots comme *haine, guerre* ou *souffrance* produisent des cristaux déformés et laids. Les êtres humains sont constitués de 80 % d'eau. Imaginez l'impact que vos pensées et vos paroles ont sur votre corps !

Pour mieux comprendre ce que j'essaie de vous transmettre, procurez-vous cet ouvrage de Masaru Emoto ou cherchez dans Internet des mots-clés qui vous mèneront à des images étonnantes de cristaux d'eau gelée, observés au microscope, et qui réagissent notamment à la *Symphonie n° 40 en sol mineur* de Mozart et à tout autre son.

7

~

La vulnérabilité

Les humains ont le réflexe de toujours vouloir être forts, en contrôle, préparés à faire face à toute éventualité. Ils se forgent des carapaces, se cachent derrière un masque et refusent de se montrer tels qu'ils sont dans toute leur splendeur. Et pourtant… je vous pose la question : Qu'est-ce qui vous émeut le plus chez quelqu'un, sa force ou sa vulnérabilité ? Je parie que sa vulnérabilité vous touche davantage.

La vulnérabilité, c'est se sentir tout petit devant un nouveau patron, c'est avoir peur de se faire dire non par une personne qu'on aime, c'est être intimidé de parler en public, c'est avoir peur de ne pas être aimé ou accepté tel qu'on est. Être vulnérable, c'est notre plus grande force. C'est être authentique et transparent, honnête envers soi-même et les autres.

Quand vous vous sentez vulnérable, admettez-le. Le dire fait disparaître automatiquement le malaise. La personne devant vous admirera votre courage de vous dévoiler tel que vous êtes ! Parce que ça prend du courage pour admettre que nous sommes vulnérables ! Si les gens se moquent de vous, c'est qu'ils ont peur de leur propre vulnérabilité. Vous leur servez de miroir. Laissez couler les sarcasmes et les mauvaises blagues comme l'eau sur le dos d'un canard.

Indéniablement, on ne peut pas être aimé de tout le monde. Connaissez-vous la loi du tiers ? Ce principe en affaires dit que sur 100 personnes réunies dans une salle, à qui vous devez parler de votre entreprise, 1/3 (33) seront en symbiose avec votre discours, 1/3 (33) seront indifférentes et 1/3 (33) seront totalement désintéressées. Et il n'y a qu'un tiers (11) des 33 qui sont en symbiose avec vous, avec qui vous développerez une relation d'affaires.

Ce principe s'applique aussi à vos relations personnelles. Donc soyez vrai, soyez vous-même, n'essayez pas de plaire à tout le monde autour de vous. Les bonnes personnes se manifesteront dans votre vie.

8

Les influences négatives

Combien de fois entendons-nous ces remarques sous forme de plaintes : « On dirait que tout me tombe dessus », « J'échoue tout ce que j'entreprends », « Nous vivons dans une vraie jungle », « Je n'ai vraiment pas de chance », « Que ça va mal dans le monde ! »…

Ces réflexions conduisent habituellement à des conversations dont l'accent est mis sur les moments déplaisants de la journée. Vous êtes alors aspiré dans un tourbillon descendant. Un peu comme l'eau d'un bain qui se vide dans le drain, vous êtes aspiré par cette énergie négative et, une fois engagé dans cette direction, il vous faut une grande force pour vous en extirper. Vous devez contrôler consciemment vos pensées et vos sentiments, et les orienter sur la voie du succès et de la prospérité.

Les influences négatives se présentent sous différents visages, dont certains peuvent être dangereux. Parfois, il peut s'agir des paroles bien intentionnées d'un parent ou de la mise en garde d'un ami qui, sans le vouloir, risque de vous communiquer sa peur ou son malheur. L'expérience négative de votre mère, par exemple, ne vous appartient pas. Elle a créé sa réalité, et sa création ne vous concerne pas. À moins que vous décidiez d'y adhérer.

Comment se protéger des influences négatives ? Par le pouvoir de sa volonté. Élevez autour de vous un mur de protection contre les mauvaises influences. N'ouvrez pas votre esprit et votre cœur à des gens qui vous découragent, vous dépriment ou cherchent à vous faire peur. Retirez-vous des conversations négatives. Ne parlez de vos projets qu'à des gens qui vous encouragent. Recherchez la compagnie de gens qui vous poussent à réfléchir et à agir par vous-même.

Ou vous contrôlez votre esprit ou c'est votre esprit qui vous contrôle. Réorientez votre esprit sur la voie de la prospérité et de l'abondance plutôt que de niveler vers le bas.

Répétez cette petite phrase fréquemment : *l'amour de la Source créatrice qui s'exprime à travers moi maintenant attire vers moi ce dont j'ai besoin pour être heureux et combler ma vie. Ceci pour mon plus grand bien et pour celui de l'humanité.*

9

~

Attention aux voleurs d'énergie !

Nous sommes énergie, notre corps est énergie, notre esprit est énergie et chaque jour nous brûlons une partie de cette énergie que nous devons remplacer quotidiennement. Le problème, c'est que ceux qui ne savent pas comment faire le plein d'énergie doivent la voler aux autres.

Les humains semblent empêtrés dans des luttes énergétiques qui expliquent la plupart des conflits.

Selon James Redfield, auteur de *La Prophétie des Andes*, il y a quatre mécanismes de vol d'énergie :

L'intimidateur

Vole l'énergie avec sa colère, en opprimant, frappant, menaçant. L'intimidateur n'a plus qu'à récupérer cette énergie et à s'en servir à son propre avantage.

L'interrogateur

Vole l'énergie en questionnant tout. Les enfants utilisent inconsciemment cette technique. La stratégie consiste à questionner pour trouver la faille et mieux rabaisser ou critiquer.

L'indifférent

Vole l'énergie en se renfermant sur lui-même, laissant l'autre s'épuiser à le questionner et se demander ce qui ne va pas. Excellente technique pour faire sentir l'autre coupable.

Le plaintif

Vole l'énergie en se plaignant et en racontant ses malheurs à qui veut l'entendre.

Ça vous rappelle quelqu'un ? Tant mieux ! Vous avez identifié un voleur d'énergie ! Le but est de garder ces individus loin de vous, voire de couper les liens définitivement, parce que tant qu'ils n'auront rien changé dans leur relation avec l'énergie, ils continueront de voler la vôtre.

Maintenant que vous avez identifié les voleurs d'énergie, faites le point sur votre propre relation avec l'énergie. Êtes-vous un voleur d'énergie vous aussi ? Voici quelques questions à vous poser :

- *Est-ce que je vole de l'énergie aux autres ?*
- *Est-ce que j'arrive à produire ma propre énergie ?*
- *Est-ce que je valorise mon énergie ?*
- *Est-ce que je respecte l'énergie des autres ?*

Voici des trucs pour accumuler de l'énergie sans la voler aux autres :

1. Respirez profondément.

2. Promenez-vous en forêt. Entourez un arbre de vos bras et sentez l'amour qui s'en dégage.

3. Marchez pieds nus dans l'herbe, dans la maison.

4. Mangez des aliments vivants (fruits, légumes, graines).

5. Augmentez vos pensées positives.

6. Évitez les vampires et les manipulateurs.

7. Faites de l'exercice.

10

~

Soyez clair

Pour manifester ce que vous désirez, vous devez d'abord le décider. Beaucoup de gens escamotent cette étape cruciale parce qu'ils ne peuvent pas imaginer qu'il leur est possible d'obtenir ce qu'ils désirent. Ne sabotez pas vos projets vous-même !

Sachez ce que vous désirez afin que votre cerveau puisse syntoniser la fréquence idéale et que la Source créatrice soit en mesure de vous aider à manifester ce que vous souhaitez.

Il ne suffit pas de désirer la maison de vos rêves, une relation amoureuse idéale ou la santé parfaite. Ces désirs, nous les avons tous.

Si vous deviez envoyer un courriel à un ami, vous ne lui enverriez pas les lettres de l'alphabet qui le composent, dans le désordre, en lui demandant d'écrire lui-même le message. Vous lui feriez parvenir un texte contenant des phrases cohérentes pouvant traduire votre pensée.

Ou si vous voulez obtenir plus d'argent et que je vous offre un billet de 5 $, je ne serais pas surprise de vous entendre dire : «Non, je voulais dire beaucoup d'argent, comme 50 000 $!»

Comment voulez-vous que je le sache à moins que vous ne soyez clair à ce sujet ? Même chose pour la Source créatrice : son rôle n'est pas de jouer aux devinettes. Faites une demande claire et soyez précis.

Vous devez savoir nettement ce que vous désirez obtenir tout en étant précis dans votre demande. Vous n'attirerez jamais l'abondance si vos désirs sont vagues et approximatifs. Alors, pensez à vos désirs et assurez-vous d'en avoir une image mentale exacte. Imaginez le résultat final de la concrétisation de ces désirs. Imaginez dans les moindres détails l'état dans lequel vous serez lorsque vos désirs seront enfin accomplis et gardez constamment cette image à l'esprit. Éprouvez le sentiment de joie et de paix qui l'accompagne.

Plus l'image de votre désir est claire, plus intense est votre détermination, plus vous aurez la certitude de l'accomplissement de votre désir.

Exercice à accomplir : **Écrivez vos désirs et relisez-les deux fois par jour.**

L'écriture cristallise la pensée. Elle vous oblige aussi à vous arrêter et à fixer votre attention sur ce que vous désirez vraiment dans votre vie.

11

~

Ne sous-estimez pas le pouvoir d'une image

Créez un montage-photos de toutes les choses que vous désirez. Feuilletez des magazines et découpez des images et des phrases qui vous inspirent.

Faites-vous une roue de fortune en collant ces images sur un grand carton, sur le mur de votre bureau ou au plafond de votre chambre – bref n'importe où, pourvu que ce soit naturellement et constamment dans votre champ de vision.

Vous pouvez, si vous le désirez, diviser votre roue de fortune en différentes catégories : santé, famille, travail, relation amoureuse, voyages, autonomie financière, bref tout ce qui vous tient à cœur.

Pourquoi ne pas vous faire photographier au volant de la voiture de vos rêves ? Allez faire un essai routier, ça ne coûte rien et ça concrétise votre rêve encore plus !

Osez en achetant les magazines que lisent les gens riches. Vous aurez ainsi un aperçu du train de vie des millionnaires.

Ça ne pourra qu'élargir votre vision et renforcer votre démarche vers votre propre prospérité.

12

~

L'engagement

Jusqu'à ce qu'on soit totalement engagé dans ce qui nous tient à cœur, on fait parfois face à l'hésitation, à la possibilité de faire marche arrière. Mais toujours, il y a absence de résultat. En ce qui concerne toute initiative de création, il existe une vérité élémentaire dont la connaissance permet la concrétisation d'un nombre infini d'idées et de plans tous plus splendides les uns que les autres.

Cette vérité est qu'au moment même où l'on s'engage de manière définitive, la Providence se met en mouvement et nous accompagne. Tout à coup, de nombreux événements (des rencontres, des imprévus, des livres…) surgissent de façon inusitée dans le but toujours avoué de nous appuyer et de rendre possible la manifestation de nos idées créatrices.

Il est important ensuite de passer à l'action. Avez-vous de vieux rêves que vous auriez aimé réaliser? De vieux rêves restés en attente parce que vous n'êtes pas passé à l'action? Restés en attente! En attente de quoi? Jusqu'à quand?

Vous attendez le bon moment ? Le bon jour ? Les bonnes personnes ? Les bonnes occasions ? Les meilleurs outils, et puis, et puis, et puis… le temps passe et rien ne se fait !

Apprenez à écouter votre petite voix, la petite voix intérieure de la conscience qui insuffle les bonnes idées, les bonnes occasions, les bonnes façons de faire, les bons contacts, et… et puis il y a le MENTAL, qui vit dans la peur du changement et du renouveau, qui dira exactement le contraire, histoire de semer la confusion dans votre esprit.

C'est là qu'il faut faire preuve de discernement. Cherchez laquelle des pensées vous rend heureux. Laquelle vous donne le sentiment d'avoir grandi ? Ressentez ce flux positif, de joie, de paix. C'est ça, la loi d'attraction ! C'est ça, le contact avec son MOI. Ce MOI qu'on tend à chercher à l'extérieur de nous en tentant de se définir par des attitudes, des habitudes, des principes, des coutumes, des tendances, que sais-je encore… Ce MOI est en nous. Cessons de le refouler chaque fois qu'il vient nous aider. Passez à l'action !

« Quoi que tu rêves d'entreprendre, commence-le !
L'audace a du génie, du pouvoir, de la magie. »

— JOHANN WOLFGANG VON GOETHE

13

~

Cessez de vouloir, choisissez !

L a Source créatrice répond inexorablement à TOUTES vos demandes. Si vous vous répétez constamment : *je VEUX ceci* ou *je VEUX cela*, vous vous placez en état de dépendance et d'attente. Vous créez une dynamique centrée exclusivement autour de vous, qui ne permet pas à l'énergie de circuler. Choisir vos mots avec soin est de la plus haute importance.

Ainsi, placez-vous en état d'ouverture et de disponibilité plutôt qu'en état d'attente et d'urgence. Soyez proactif plutôt que passif. Il y a, dans l'action de CHOISIR, une grande liberté et un sentiment d'expansion. En revanche, l'action de VOULOIR est restrictive et crée un état de contraction. Quand on VEUT quelque chose, on envoie un message de manque à nos cellules. Si on le VEUT, c'est qu'on ne l'a pas !

Au contraire, CHOISIR envoie un message d'abondance à votre corps. Avoir le CHOIX implique plusieurs possibilités parmi lesquelles nous devons CHOISIR ! Comprenez-vous la différence ? Saisissez-vous la nuance ?

Dans un cas, on manifeste un état de manque et dans l'autre, un état d'abondance. Si vous cherchez à manifester un manque, vous attirerez encore plus de manque dans votre vie.

Voyez par vous-même. Dites : « Je veux » et « Je choisis » et sentez la différence dans votre corps.

« *Il n'existe pas de choix qui constituent vraiment un détour vous menant loin de l'endroit où vous voulez être – parce que votre Être intérieur vous guide toujours vers le prochain, et le prochain, et le prochain. Alors, ne vous inquiétez pas à l'idée de faire un choix désastreux, car il n'existe rien de la sorte. Vous êtes toujours en train de trouver votre équilibre. C'est un processus sans fin […]* »

— ABRAHAM-HICKS

Au lieu de vouloir attirer le partenaire idéal, choisissez de l'attirer. Au lieu de vouloir obtenir l'emploi que vous souhaitez depuis longtemps, choisissez de l'obtenir. Les mots et la façon de formuler vos demandes sont les clefs de votre réussite. Votre première option demeure le pouvoir de choisir!

Si par exemple vous choisissez d'attirer le partenaire idéal, je vous suggère de dresser une liste détaillée de ses qualités, de son apparence physique, etc. Prenez soin de ne pas écrire vos choix à la négative. N'écrivez pas : « Je CHOISIS qu'il ne SOIT PAS menteur. » Écrivez plutôt : « Je CHOISIS qu'il SOIT honnête. »

Écrivez tout ce que vous estimez important de retrouver chez ce partenaire idéal. Ne vous limitez pas dans vos demandes et, surtout, ne craignez pas l'audace! Plus la description que vous en ferez sera précise, plus rapidement la Source créatrice se mettra à l'œuvre et attirera vers vous le partenaire qui correspond au profil idéal que vous aurez CHOISI.

Après avoir fini votre liste, rangez-la dans un endroit accessible. Consultez-la fréquemment jusqu'à ce que votre subconscient en soit entièrement imprégné, que votre être en soit totalement habité. Au fil des jours qui suivront, vous ne serez pas surpris de découvrir que votre vision se précise davantage. Vous pourrez ainsi ajouter des éléments additionnels à votre liste, lesquels ne pourront qu'intensifier la manifestation de votre CHOIX.

Toutefois, gardez à l'esprit que ces manifestations extérieures sont le reflet de ce qui se vit d'abord à l'intérieur de vous.

Si vous choisissez d'attirer une maison dans votre réalité, dessinez un plan de son aménagement, décrivez-la dans les moindres détails. Si vous n'êtes pas doué en dessin, découpez des images dans des magazines d'habitations ou de décoration qui représenteront le plus fidèlement possible la maison de vos rêves sous tous ses aspects. Ensuite, collez-les sur votre carton de visualisation ou sur un mur.

Au moment opportun, vous pourriez très bien obtenir la coopération des gens de votre entourage ou attirer des personnes qui sauront vous aider dans votre démarche. À votre grand bonheur, vous constaterez que les circonstances vous seront favorables et que les coïncidences ne cesseront de se multiplier à votre avantage.

Pour arriver à mieux les identifier, restez alerte et soyez conscient du moment présent.

Vous désirez trouver un emploi qui saura vous combler ? Les questions que vous vous posez devraient être :

- *Quelles seraient mes conditions de travail idéales ?*

- *Combien de semaines de vacances annuelles aimerais-je prendre ?*

- *Quel serait le profil idéal de mes collègues de travail ?*

- *Quel type de poste aimerais-je occuper ?*

Et LA question qui tue :

Quel salaire saurait me satisfaire et correspondre à ma valeur ?

Voilà un point à ne pas sous-estimer. IL EST TRÈS IMPORTANT QUE VOUS ÉTABLISSIEZ VOTRE VALEUR. C'est une question nécessaire qui demande réflexion et vous êtes la seule personne à pouvoir le faire. Le respect d'autrui passe par la reconnaissance de soi. En connaissant votre valeur, vous perdez moins de temps à tergiverser à propos de détails insignifiants. Connaître votre valeur vous donne confiance en vous et remonte votre estime de vous-même.

14

~

Parlez en mode positif

Quand vous prenez le temps de vous arrêter pour faire le point et ressentir ce que vous CHOISISSEZ de vous créer, ici et maintenant, formulez-le de manière affirmative. Ainsi, ne dites pas : « Je ne veux plus être pauvre. » Dites plutôt : « Je CHOISIS d'être riche. » La Source créatrice ne comprend pas la négation. Je vous donne un exemple. Vous dites : « Je ne veux pas souffrir en amour. » Votre fréquence est alignée sur la souffrance et non sur la joie d'être en relation amoureuse ; donc, la Source comprend « souffrir en amour » et continue de vous envoyer des relations souffrantes, pour vous.

N'oubliez pas que la fréquence que vous émettez vous revient comme un boomerang et que chaque mot a sa fréquence. Si vous voulez élever votre fréquence, il est important d'utiliser les mots appropriés.

Quels sont les mots à haute fréquence ? Tous les mots qui vous procurent de la joie et du bien-être quand vous les prononcez. Tous les mots « positifs », si je puis dire. Ainsi, « Je ne veux plus souffrir en amour » deviendrait : « Je choisis d'être totalement heureuse en amour et je le manifeste ici et maintenant ! »

Une bonne façon de savoir si vous dites les bons mots, c'est d'être à l'écoute de votre ressenti lorsque vous les prononcez. Si, lorsque vous prononcez un mot, vous ressentez votre cœur qui se serre, ou une contraction musculaire ou baisse d'énergie, dites-vous que ce mot n'est pas le bon. Vous devez le changer pour sa version positive. D'abord, enlevez toutes les négations, c'est-à-dire tous les « ne pas », « je ne veux pas, ne peux pas », « non », « sans » de vos phrases, et faites l'effort de reformuler votre phrase en mode positif.

Ne marchez plus CONTRE la guerre, marchez plutôt POUR la paix. Plus vous militez CONTRE quelque chose, plus vous lui donnez de l'énergie et plus cette chose que vous désirez enrayer prendra de l'expansion ! Soyez vigilant, écoutez-vous parler. Croyez-moi, vous développerez vite cette nouvelle habitude. Au début, la vigilance sera de mise, mais rapidement elle deviendra une seconde nature.

Toutes les pensées que vous avez, toutes les paroles que vous prononcez, toutes les actions que vous faites dans un état de résistance intérieure, qu'on appelle aussi la négativité, vont créer de la résistance à l'extérieur. La résistance est une contraction, un durcissement de la carapace de l'ego. Vous êtes fermé.

Si les rideaux sont tirés, le soleil ne peut pas pénétrer. Lorsque vous cédez intérieurement, lorsque vous vous abandonnez, une nouvelle dimension de conscience s'ouvre à vous.

15

~

Alignez-vous sur votre désir

Si la Source créatrice ne répond pas à vos demandes, il est possible que vous ne soyez pas énergétiquement aligné sur vos désirs. Ce n'est pas par manque de ressources ou parce qu'un autre les aurait reçues à votre place. De la même façon, vous ne pourriez recevoir ce qui était destiné à un autre. La compétition n'existe pas dans l'univers! L'abondance de la Source créatrice est illimitée, il y en a assez pour tout le monde.

Il est important pour vous de ressentir la manifestation de vos désirs à un niveau cellulaire, c'est-à-dire physiquement et émotionnellement. Par exemple, ressentez à l'avance la joie de voir votre désir exaucé. Imaginez-vous en train d'embrasser votre partenaire idéal, ou de conduire la voiture de vos rêves, et laissez-vous totalement envahir par le sentiment de douce satisfaction que vous procure la réalisation de vos désirs. Laissez monter des larmes de joie ou abandonnez-vous à un incontrôlable fou rire.

Je partage avec vous un petit jeu fort agréable qui a pour but d'accélérer la manifestation de vos désirs. Je l'appelle « Dialoguer ses rêves ».

C'est un outil très puissant et efficace. Pour dialoguer ses rêves, il suffit d'avoir une conversation avec un ami dans laquelle vous parlez de ce que vous voulez dans votre vie comme si c'était déjà accompli ! Servez-vous du pouvoir de votre imagination pour parler, agir et sentir comme si votre désir s'était matérialisé.

Demandez à votre ami de vous poser des questions pour alimenter la conversation. Parlez avec une voix remplie de l'émotion que vous ressentiriez si votre désir était manifesté. Vous parlez bien sûr au passé, comme si c'était déjà arrivé. Votre corps se détend parce que vous lui envoyez un signal que tout est déjà accompli. Le stress se dissipe et vous permettez à la Source créatrice de faire son travail sans vous interposer constamment pour essayer de tout contrôler.

16

Le détachement

« *Afin d'attirer l'objet de votre désir, il ne faut pas y être attaché. Cela ne veut pas dire que vous abandonnez votre intention de le créer dans votre vie. Vous avez toujours l'intention et le désir, mais vous vous détachez du résultat final.* »

— Deepak Chopra

L'attachement engendre la souffrance. L'attachement est une énergie qui prend sa source dans la peur, le manque et la déconnexion de la Source créatrice. Vous croyez nécessaire de manifester certains désirs dans votre vie afin de vous sentir en sécurité, heureux et aimé. Votre désir part d'un état de manque. Plus vous vous focalisez sur le manque, plus vous manifesterez le manque dans votre vie.

Quand votre bonheur est déterminé par des facteurs externes, vous devenez esclave ou dépendant de ce désir. Vous oubliez l'amour, la joie, la liberté. L'attachement bloque votre énergie, votre créativité et votre vibration, de telle sorte que vous ne pouvez plus entrevoir toutes vos options.

Les attentes peuvent vous montrer que l'attachement mène à la souffrance. Si votre désir obtient satisfaction, vous serez heureux; autrement, vous serez malheureux. N'oubliez pas que l'important ce n'est pas la destination, mais le chemin parcouru pour s'y rendre.

Être trop attaché ou pas assez à notre désir a peu d'importance. Il faut s'engager juste assez, pas trop, et faire confiance à la Source créatrice. C'est comme si vous teniez un petit oiseau dans vos mains. Trop le serrer le tuerait et relâcher votre étreinte lui permettra de s'envoler.

Il est important d'arrêter le mental qui vous dit : *Je n'ai pas l'argent, le pouvoir, la connaissance, l'énergie,* etc., *pour manifester ce que je désire.* Ce que vous croyez, vous le manifestez dans votre vie.

En résumé, soyez clair, ressentez la joie et la gratitude de voir votre désir déjà accompli, faites confiance à la Source et lâchez prise. N'ayez aucune attente. Laissez la Source vous répondre. La plupart du temps, vous recevrez encore plus que ce que vous avez demandé.

Voici un exercice pour vous aider à vous débarrasser de vos attachements et de vos peurs.

Avant de dormir, imaginez que vous tenez dans votre main droite une ficelle avec un ballon orange dégonflé au bout. Mettez le ballon dans votre main gauche et soufflez à l'intérieur tous vos attachements, vos problèmes, vos peurs et gonflez le ballon au maximum. Lâchez le ballon et regardez-le monter au ciel avec tout son contenu. Vous vous sentirez plus léger, plus libre. Un espace se créera à l'intérieur de vous, que vous pourrez remplir de pensées positives, de projets qui vous tiennent à cœur et surtout d'amour pour vous-même !

17

Reconnaître ses émotions et apprendre à les gérer

Il est parfois difficile de mettre des mots sur notre ressenti intérieur. Il est important de comprendre qu'un état d'être ou un comportement, ce n'est pas une émotion. Se sentir rejeté, trahi, isolé, ce sont des perceptions qui déclenchent des émotions. Par exemple, une trahison peut déclencher la colère, la tristesse, le désespoir comme la rage. La situation est la même, la réaction change selon l'individu.

Il est important d'apprendre à maîtriser ses émotions. Mais attention, la maîtrise et le contrôle sont deux choses différentes. Dans le contrôle, vous refoulez ; dans la maîtrise, vous acceptez de libérer.

Si vous ressentez un vide, ce n'est pas une émotion. Le vide c'est du désespoir refoulé. La procrastination ce sont des peurs non identifiées. La peur fige et vous paralyse.

On confond aussi la puissance et la violence. On s'interdit parfois d'éprouver de la colère ou de la rage parce que c'est une émotion très puissante. Tant que vous ne vous autorisez pas à vivre vos émotions, vous ne pourrez pas vous libérer. Ce n'est pas parce que vous êtes en colère que vous allez faire du mal aux autres. C'est vous qui souffrez. C'est lorsque vous n'y faites pas face que vous déversez le trop-plein, par des comportements inappropriés, sur l'autre ou sur vous-même.

Voici un classement émotionnel qui aide à bien voir où l'on se situe :

1- Joie, liberté, amour et appréciation

2- Passion

3- Enthousiasme, empressement, bonheur

4- Attente positive et confiance

5- Optimisme

6- Espoir

7- Contentement

8- Ennui

9- Pessimisme

10- Frustration

11- Accablement

12- Déception

13- Doute

14- Souci

15- Blâme

16- Découragement

17- Colère

18- Vengeance

19- Haine et rage

20- Jalousie

21- Insécurité, culpabilité, indignité

22- Peur, chagrin, dépression, désespoir, impuissance.

Mettre des mots sur nos ressentis est le début de la libération. Soyez honnête avec vous-même. Pour pouvoir laisser aller une émotion, il faut d'abord l'identifier.

Les seules résistances sont en vous. En les reconnaissant et les libérant, l'on progresse et l'on peut se créer une nouvelle réalité plus épanouissante.

Pour vous aider à maîtriser vos émotions, je vous suggère les fleurs de Bach[1]. Elles sont faciles à trouver sur Internet et vous pouvez demander l'aide d'un conseiller Bach certifié. Je vous propose Blanche Scala, une experte en fleurs de Bach. Elle vous aidera à trouver les fleurs qui vous conviennent et peut-être même vous concoctera un mélange personnel pour vos besoins.

Voici son adresse courriel :

blanchescala556@gmail.com

---

1. Les fleurs de Bach sont des élixirs floraux réalisés à partir de 38 essences de fleurs. Elles tiennent leur nom de leur concepteur, le Dr Edward Bach (1886-1936), médecin anglais spécialisé notamment en chirurgie et bactériologie, s'intéressant également à l'homéopathie, et qui mena des recherches sur l'usage des fleurs de 1928 à 1936. Ces préparations ont pour objectif de réharmoniser les états d'esprit. (Source : Wikipédia)

18

Soyez en état de réceptivité

Ce point est crucial. Il y a des gens qui, consciemment, mettent en œuvre les forces de la Source créatrice, mais sans résultat parce qu'ils ne sont pas en état de réceptivité.

« L'univers est inondé d'abondance ! Comprenez-vous ce que je dis ? INONDÉ D'ABONDANCE, comme les chutes du Niagara ! Et vous venez réclamer votre dû avec une cuillère à café ! »

— Abraham-Hicks

Imaginez que la Source créatrice soit un gros entrepôt à votre nom, rempli de toutes les richesses du monde. Vous n'avez qu'à commander et on vous livre le tout chez vous, gratuitement. À cet entrepôt travaillent des lutins qui s'occupent de charger les camions des richesses qui vous sont destinées. Ces richesses sont inépuisables et il y en a pour tout le monde.

Dès que vous passez votre commande, les lutins, tout excités, reculent le camion dans l'entrepôt et commencent le chargement. Ils referment les lourdes portes et attendent votre signal pour vous en faire la livraison.

Si vous n'êtes pas en état de réception ou réceptivité, si vous doutez ou que vous croyez ne pas mériter ce que vous avez commandé, ou si vous pensez que vos richesses en empêchent un autre d'être riche, devinez ce qui se passe… Les lutins, tout déconfits, remettent le contenu du camion dans l'entrepôt. Vous venez de saboter vos demandes.

La clarté de vos pensées et la certitude que vous allez y arriver ne suffisent pas. Il faut s'ouvrir à ce que la Source a à vous offrir. Ne craignez rien, elle a suffisamment de richesses pour tout le monde. Apprenez à RECEVOIR !

Permettez-moi de clarifier certains points au sujet de la richesse. Il ne s'agit pas uniquement de biens matériels ou d'argent. Je parle aussi bien de richesse dans vos relations avec les autres, de votre santé, de votre imagination, de votre pouvoir créateur et de la liberté qu'il engendre.

Vous avez le pouvoir de créer la vie que vous choisissez. Imaginez-vous pendant un instant vivant dans l'abondance. Vous vous sentez libre et reconnaissant, vous ne vivez plus de conflit ni de frustration à cause d'un travail que vous n'aimeriez pas parce que, comme vous le dites, « il faut bien gagner sa vie ». Vous êtes en excellente santé parce que vous êtes heureux. Votre imagination créatrice est à son paroxysme. Vos pensées trouvent une manifestation rapide. Bref, il n'y a pas de mal à être riche. Au contraire !

Tout le monde veut accéder à la prospérité ; tout le monde la souhaite et tout le monde y a droit. Malheureusement, plusieurs se sentent coupables de la désirer, même s'ils travaillent ardemment pour l'atteindre, ce qui provoque un conflit dans leur esprit, détruisant tous leurs efforts pour y arriver.

En résumé, pour changer ce que vous attirez :

1- Décidez et choisissez ;

2- Soyez clair ;

3- Parlez en mode positif et affirmatif ;

4- Soyez aligné sur votre choix ;

5- Soyez en état de réceptivité ;

6- Soyez détaché du résultat final.

19

~

La contraction et l'expansion

Tout dans l'univers est soit en contraction, soit en expansion.

Tout ce qui vous procure de la joie, de l'amour et du bien-être, vous met en expansion. Le temps passe vite dans cet état.

Tout ce qui vous procure de la colère, de la tristesse, du ressentiment, vous met en contraction. Le temps semble long.

Soyez vigilant ! Si vous êtes en contraction, vous ressentirez une tension au niveau du plexus solaire, vous serez stressé, mal à l'aise, angoissé. Votre visage sera tendu, crispé, votre sourire aura disparu. C'est un signal d'alarme pour vous indiquer que ce qui se passe dans votre vie ne vous convient pas.

La simple prise de conscience fait la moitié du travail. Il s'agit ensuite d'arrêter un nouveau choix qui vous mènera à un état d'expansion.

Le but c'est d'être en expansion le plus souvent possible dans votre vie. Trouvez des activités, des personnes, des passions qui vous mettent en état d'expansion. Plus souvent vous arriverez à être en expansion, plus votre corps réclamera cet état de bien-être.

La gratitude est un bon moyen de renverser la vapeur et de passer d'un état de contraction à un état d'expansion. La gratitude est un élan d'amour envers vous-même et l'univers entier. Apprécier ce que vous avez augmente votre fréquence automatiquement.

Une marche dans la nature favorise l'expansion également. La nature ne nous juge pas, elle est simplement là, au moment présent.

Elle ne s'inquiète ni du passé ni du futur. Mettez-vous au diapason de cette merveilleuse nature et laissez-vous aimer par elle.

Faites de l'exercice ! Yoga, Pilates, Zumba (danse aérobique latine), jogging ou tennis, peu importe ! L'exercice vous met dans un état de bien-être et vous procure de la joie. Et c'est une bonne façon de rencontrer des gens qui partagent vos loisirs.

20

~

Un virage
à 180 degrés

Un virage à 180 degrés exige d'aller tout à l'opposé de son mode de pensée actuel. Par exemple, si ce que vous faites depuis des années vous amène loin de l'abondance et vous enlise dans les dettes, d'évidence votre choix en est un de pauvreté. Si c'est VRAIMENT ce que vous souhaitez créer dans votre vie, ainsi soit-il ! Tout est parfait !

La Source créatrice, qui ne pose aucun jugement sur vos choix, vous donnera exactement les résultats sur lesquels vous vous êtes aligné. Peut-être avez-vous besoin de vivre l'expérience de la pauvreté pour clarifier vos préférences ? Mais si vous en avez assez, effectuez un virage à 180 degrés.

Plus facile à dire qu'à faire ? Pas du tout : il suffit de le DÉCIDER.

Supposons que vous marchiez en ligne droite depuis des années et qu'au bout de votre chemin, se dresse un mur de briques. Votre mental, qui vous a guidé pendant tout ce temps, veut continuer d'avancer parce qu'il connaît le chemin et se sent en sécurité. Sauf que, dans les faits, vous essayez d'avancer sans pouvoir aller plus loin. Tout ce que vous voyez, c'est le mur. Il vous semble insurmontable, et vous n'avez pas les outils pour le détruire. Vous êtes frustré de ne pas pouvoir avancer. Le mur vous obsède, et plus vous êtes obsédé, plus il vous semble haut.

Vous frappez sur le mur avec vos poings, vos pieds, votre tête, comme une mouche qui s'acharne à vouloir sortir par la fenêtre fermée quand, juste à côté, la porte est grande ouverte ! Puis une petite voix dans votre tête vous dit depuis un long moment : *Arrête ! Tourne-toi !* Pour la première fois, à bout de ressources, vous l'entendez. Et vous arrêtez.

Si vous ne prenez jamais le temps de vous immobiliser et de l'écouter, vous continuez d'avancer aveuglément et de vous heurter la tête contre le mur. Le changement fait peur au mental. Alors il se met à parler plus fort que la petite voix de l'intuition. Il vous crie, paniqué : *Qu'y a-t-il derrière moi ? Qui vais-je rencontrer sur ce nouveau chemin ? Serai-je en sécurité ?* Vous avez atteint votre limite et, en tremblant, vous DÉCIDEZ de faire demi-tour. En vous retournant, wow ! vous avez devant vous un paysage dont vous n'auriez jamais soupçonné l'existence !

D'autres choix s'offrent à vous, des chemins tous plus grands et plus beaux les uns que les autres, qui s'étendent à perte de vue ! Allez-y, osez ! Vous avancez, d'un pas incertain au début, vers votre nouvelle destination. Et vous vous dites : *Pourquoi n'ai-je pas fait cela avant !* Vous venez de faire un virage à 180 degrés ! Bravo ! En une seconde, la seconde qu'il vous a fallu pour DÉCIDER, vous avez changé votre vie.

Ça semble incroyable, mais ça fonctionne vraiment ! Je l'ai expérimenté à plusieurs reprises dans ma vie. J'ai tout quitté et j'ai fait volte-face plus d'une fois et, chaque fois, je me suis demandé pourquoi je ne l'avais pas fait plus tôt. Un nouveau monde de possibilités s'est ouvert à moi à chaque virage de 180 degrés que j'ai vécu. Je ne serais sûrement pas en train d'écrire ce livre si j'étais restée collée à la fenêtre comme la mouche. Jamais je n'aurais pris conscience de l'étendue de mes possibilités.

21

~

Le mental

Qu'est-ce que le mental ? C'est l'ego dans toute sa splendeur ! C'est là que logent la peur, le jugement, la médiocrité et les fausses croyances. Le mental, c'est un faux ami. Nous pensons qu'il se consacre à nous soutenir et nous protéger, mais au contraire, il est là pour nous ralentir et pour semer le doute dans notre esprit.

Le mental, c'est la petite voix intérieure qui a toujours peur. Celle qui nous dit : *Non, tu ne vas pas faire ça ! Tu vas échouer, tu vas tout perdre, tu vas te retrouver à la rue…*

Le mental agit comme un frein à main. Il interrompt tout mouvement vers le renouveau. C'est lui qui vous dirige vers un mur, même si vous vous plaignez que vous en avez assez de ne pas trouver de solution à votre problème.

Le mental va toujours vers le connu. Il déteste le changement ! Au risque de vous conduire directement vers une dépression majeure. Il préfère, et de loin, la dépression au changement.

C'est fou quand on y pense, non ?

22

La peur et le doute

La peur paralyse la raison, détruit l'imagination, tue la confiance en soi, mine l'enthousiasme, décourage l'initiative, conduit à l'incertitude et pousse à l'hésitation. Elle efface tout le charme d'une personnalité, elle vainc la persévérance, annihile la volonté, écarte toute ambition et engendre l'échec. Elle tue l'amour et assassine les plus beaux sentiments, décourage l'amitié, attire le désastre sous des centaines de formes, conduit à l'insomnie, à la misère et au malheur, cela dans un monde où afflue tout ce que le cœur peut désirer, sans autre obstacle, entre ces désirs et nous-mêmes, que l'absence d'un but précis.

Le doute crée un mouvement de contraction dans l'univers. Chaque heure, chaque moment en proie au doute et à la peur, chaque moment passé à s'inquiéter vous pousse de plus en plus loin de la Source créatrice.

Les sept peurs fondamentales : de la pauvreté, de la critique, de la maladie, de la perte d'amour, du changement, de la vieillesse et de la mort.

LA PEUR EST UN ÉTAT D'ESPRIT, ET UN ÉTAT D'ESPRIT PEUT SE CONTRÔLER.

La peur est la première cause du regret. Vous regretterez beaucoup plus les chances que vous n'avez pas saisies que vos échecs. N'ayez pas peur de prendre des risques.

Quel est le pire inconvénient qui pourrait survenir ? La mort ?

La mort physique n'est pas la pire des catastrophes à redouter. Le pire serait de mourir intérieurement tout en étant bien vivant !

La nature a doté l'être humain d'un contrôle absolu sur son esprit ! Il peut choisir de l'ouvrir aux idées d'autrui ou d'en fermer l'accès et de n'admettre que les pensées de son choix. Tout ce qu'il crée emprunte d'abord la forme d'une pensée. Voilà l'antidote de la peur ! Dès qu'une pensée de peur commence à germer dans votre esprit, remplacez-la par une pensée de joie.

Vous remarquerez que votre corps se détend, que votre cœur cesse de battre la chamade et que votre esprit, aussi confus fût-il, s'éclaircit peu à peu.

La peur n'est qu'une illusion. Nous sommes souvent le jouet de notre imagination. Nous avons peur d'avoir peur !

Le mental a inventé la peur pour assurer notre survie, pour nous mettre en garde du danger. C'est bien gentil de sa part, sauf que la peur paralyse, nous empêche d'avancer et de changer notre réalité.

« *Notre peur la plus profonde n'est pas d'être inadéquat. Notre peur la plus profonde est d'être démesurément puissant. C'est notre lumière et non notre noirceur qui nous fait peur.* »

— NELSON MANDELA

23

Le changement !

Voilà un mot qui fait peur !

> *« Il y a une seule constante dans l'univers : le changement, et tout le monde essaie de l'éviter. »*
>
> — ABRAHAM-HICKS

C'est quand même comique, vous ne trouvez pas ?

LE CHANGEMENT EST INÉVITABLE, ACCUEILLONS-LE !

C'est seulement quand vous accueillez le changement que vous pouvez voir son côté positif. Il faut garder l'esprit ouvert pour reconnaître les occasions favorables que tout renouveau peut créer dans votre vie.

Vos efforts sont voués à l'échec lorsque vous répétez les mêmes tentatives en attente de résultats différents !

Quand tout va bien, appréciez ces moments de bonheur. Si vous êtes toujours en quête de plus, de mieux, d'un élément susceptible d'accentuer votre bonheur, vous ne vivrez jamais assez le moment présent pour apprécier ces tranches de bonheur qui passent.

L'univers se modifie constamment et nous, les humains, essayons de contrôler notre environnement afin de vivre le moins de changements possible par rapport à notre petit train-train quotidien.

Le changement est pourtant nécessaire pour passer à une autre étape de notre vie. Il est primordial d'apprendre à lâcher prise. Le contrôle de notre environnement est aussi une illusion. En fait, nous ne contrôlons rien du tout. Nous avons l'impression d'être en contrôle, et ça nous rassure. Nous pouvons cependant contrôler notre esprit et l'inviter à revenir dans le moment présent. Nous pouvons le rassurer en lui disant que tout va bien, que tout arrive selon un ordre divin et qu'ici et maintenant, il n'y a pas de danger.

Apprenez à vous abandonner au changement. Dites-lui OUI. Que peut-il vous arriver de pire que la situation désagréable où vous vous trouvez en ce moment ?

Mon merveilleux métier m'a rapidement mise en contact avec le changement. Tout est en mouvance dans ma profession. Les groupes se font et se défont aussi rapidement. Quand je joue dans une pièce de théâtre, par exemple, une symbiose se forme entre les acteurs. Nous sommes tricotés serrés, comme une famille. Dès le soir de la dernière représentation, le groupe se défait et parfois je ne revois plus jamais certains acteurs avec qui j'ai pourtant développé une belle complicité… le temps d'un spectacle.

C'est un deuil chaque fois qu'un projet se termine. Je le vis avec joie et sérénité, en me disant que le prochain projet sera encore mieux et me permettra de m'améliorer. Parfois, à la fin d'un projet, je me retrouve devant rien, je n'ai pas d'autres pièces de théâtre à l'horizon ou de tournage de série télévisée. Dans ce temps-là, je m'imagine devant une toile blanche avec des pinceaux et de la peinture. J'ai le loisir de mettre les couleurs de mon choix et de peindre la toile de ma vie.

Quand on se retrouve devant le vide, la Source créatrice s'affaire à le remplir de tout ce que vous demandez, car le vide n'existe pas dans l'univers.

« Le changement peut paraître négatif en surface, mais vous verrez rapidement qu'un espace est en train de se créer dans votre vie pour permettre à quelque chose de nouveau d'apparaître. »

— ECKHART TOLLE

24

La peur de la critique, du ridicule ou du jugement

Qu'est-ce qu'ils vont penser de moi ? Qu'est-ce qu'ils vont dire ? Je vais avoir l'air d'une vraie folle ! Je serai exclue de mon cercle d'amis ! Ma famille va me déshériter !

Ces phrases vous sont familières ? Combien de fois avez-vous abandonné un projet qui vous tenait à cœur à cause de votre peur du jugement des autres ? Cette peur est paralysante et destructrice. Vous n'avez aucun contrôle sur les pensées des autres. Même si vous essayez de leur plaire, ils sont d'éternels insatisfaits. Alors pourquoi continuez-vous d'écouter leurs peurs, leurs doutes, leur manque de confiance et leur jalousie ?

Si vous voulez réussir, gare à vos associés ou partenaires !

Entourez-vous de gens qui vous inspirent, qui vous poussent à devenir meilleur, qui sont positifs et joyeux.

Pourquoi vous entoureriez-vous de personnes qui vampirisent votre énergie ? Pourquoi les accepteriez-vous dans votre vie ?

Quiconque vous dévalorise, vous fait sentir anxieux ou vous laisse sans inspiration vous fait perdre votre temps. La vie est trop courte pour vous associer à ces individus. Il est temps pour vous de les laisser partir.

Il est important de vous rendre compte que vous avez eu l'idée d'un projet parce que vous vous savez capable de le réaliser, sinon l'idée ne vous en serait jamais venue. Si le désir est en vous, les moyens pour y arriver y sont aussi !

Il y a une femme dans l'industrie du spectacle que j'admire profondément et qui n'a pas peur du ridicule. C'est Julie Snyder ! Elle se lance à corps perdu dans chaque défi qu'on lui propose. Elle n'a pas peur de ce que les gens vont penser d'elle. En fait, elle a établi sa réputation là-dessus.

Regardez-la sauter dans le vide chaque fois qu'elle relève un nouveau défi. Elle est une grande source d'inspiration pour moi. Chaque fois que j'ai l'impression que je vais faire une folle de moi, je me dis : *Que ferait Julie ?*

25

~

La pauvreté

Je vous entends me dire : « Tout ça est bien beau, mais que fais-tu de la pauvreté ? » Eh bien, je vous réponds que si vous voulez savoir comment devenir riche, vous devez faire une étude de la richesse et non de la pauvreté. La richesse ne se manifestera pas dans votre vie si vous mettez l'accent sur la pauvreté.

Avez-vous remarqué que, la plupart du temps, cette discipline appelée « économie » étudie, observe et met en relief tous les paramètres du manque et de la pauvreté ? Et que, malgré toutes les questions qu'elle soulève et les solutions qu'elle propose afin d'éradiquer cet état de fait – même si ses adeptes sont les mieux intentionnés –, son action contribue trop souvent à perpétuer et à nourrir la misère ?

Au lieu de dire : « Je vous invite à ne pas parler de pauvreté. Ne vous concentrez pas sur la pauvreté, ne lui accordez même aucune attention », je préfère affirmer : « Je vous invite à parler de richesse. Focalisez-vous sur la richesse et accordez-lui toute votre attention. » L'approche est simple et saturée d'abondance ; l'impact, la transformation et les résultats qu'elle provoque sont fortifiants, enrichissants et sans équivoque.

Comprenez-moi bien. Je ne vous recommande pas l'égoïsme et je ne vous exhorte pas à refuser d'écouter et de répondre à la détresse des moins fortunés lorsque l'occasion se présente. Je dis plutôt qu'essayer d'enrayer la pauvreté en s'y investissant ne mène qu'à une pénurie accrue, qui finit par « sembler » sans issue.

Investissez votre énergie dans la création d'abondance dans votre vie ; c'est la façon la plus pertinente et efficace d'aider les gens moins fortunés. Envahies par des images de pauvreté, vos pensées ne peuvent se porter clairement et intensément sur la richesse. Sachez détourner votre attention de ce qui vous éloigne de l'abondance et gardez à l'esprit que LA PENSÉE CRÉE.

Les démunis n'ont pas seulement besoin que nous fassions preuve de charité à leur égard. Comme chacun d'entre nous, ils ont aussi besoin d'être inspirés. Bien sûr, de façon temporaire, la charité peut leur permettre de manger et de subsister, mais l'inspiration leur donne en plus l'énergie et les moyens d'édifier une nouvelle réalité !

Voulez-vous sincèrement aider les démunis ? Démontrez-leur qu'ils peuvent accéder à l'abondance en y accédant d'abord vous-même ! Je vous pose cette question : Comment pouvez-vous aider quelqu'un dans le besoin si vous avez vous-même de la difficulté à manger à votre faim et à joindre les deux bouts ?

La peur de la pauvreté est un état d'esprit, rien de plus ! Mais elle suffit à endiguer toute possibilité d'abondance et de réussite. La peur de la pauvreté est sans aucun doute la crainte la plus destructive. Souvent solidement enracinée en nous, elle est parfois la plus difficile à extirper.

Les pensées de peur et de pauvreté ne peuvent se transformer ni en courage ni en richesse. Pour vivre l'abondance, vous avez besoin de l'état d'esprit approprié; il ne peut être acheté, on le crée.

Nous avons une relation amour-haine avec l'argent parfois : autant nous aimerions en avoir beaucoup, autant nous en avons peur ! Notre éducation joue un rôle très important dans notre attitude à l'égard de l'argent.

La pensée judéo-chrétienne, qui fait partie de notre héritage religieux, répand la notion que l'argent est associé au péché. Nous avons tendance à percevoir les gens bien nantis comme des escrocs ou des profiteurs. Nous les condamnons sans appel. La richesse est souvent synonyme de perversion et de luxure. Aussi étrange que cela puisse paraître, l'argent est attiré par les personnes ouvertes à le recevoir. L'argent se comporte et réagit comme un être humain : traitez-le avec amour et il grandira. Manquez-lui de respect et il disparaîtra.

Choisir l'abondance, c'est choisir la voie la plus noble de la vie, celle qui embrasse tout.

Pour attirer l'abondance et la richesse, il vous faut :

❖ Avoir un but bien précis;

❖ Consacrer vos efforts et votre énergie à l'atteindre;

❖ Élaborer un plan précis et couper tout moyen de retraiter;

❖ Suivre ce plan avec persévérance.

TROISIÈME PARTIE

LA CORNE D'ABONDANCE

26

L'énergie de l'abondance

Vous devez ressentir la même émotion de joie en payant vos factures qu'en recevant de l'argent. Vous attirerez plus d'abondance si vous faites circuler l'argent.

Si payer vos factures occasionne frustration et insécurité, vous vous focalisez sur le manque d'argent, et les émotions qui en découlent vous attirent encore plus de frustration et d'insécurité.

Si vous changez votre énergie et votre ressenti liés à la dépense d'argent, vous attirerez plus de richesses dans votre vie. L'argent est énergie. Il faut qu'il circule dans un mouvement continu, comme l'eau d'une rivière qui coule sans jamais tarir.

L'énergie de l'argent est circulaire : on la reçoit et on la donne. Si vous utilisez l'argent à sens unique, vous bloquez l'énergie ; un jour, elle cessera de se manifester dans votre vie.

27

Comment élever votre vibration financière

Avant toute chose :

1. Envoyez des ondes d'abondance : imaginez votre corps comme une tour radio. Quelles ondes émettez-vous lorsque vous pensez à votre situation financière ? Vos pensées sont des boomerangs qui vous renvoient exactement ce que vous projetez.

Prenez 5 minutes pour imaginer comment vous vous sentiriez si, depuis 10 ans, vous disposiez de millions de dollars. Vous seriez détendu et confiant en pensant à l'argent, n'est-ce pas ?

Ce que vous pensez et ressentez détermine ce que vous attirez. Si vous arrivez à manifester le manque d'argent dans votre vie, vous pouvez également manifester l'abondance !

Il suffit de le décider et d'opérer un virage à 180 degrés du côté de vos pensées.

2. Choisissez l'abondance au quotidien. Si vous pensez et vivez en être libre sur le plan financier, si vous vous sentez connecté à la Source et si vous agissez conformément à ce schème de pensée, l'argent n'a pas le choix de se manifester dans votre vie.

La liberté financière vient à ceux qui la choisissent quotidiennement. C'est aussi simple que ça. C'est un effet miroir : l'univers ne peut que vous renvoyer l'abondance que vous projetez.

28

~

Les lois qui régissent l'univers

Je vous expose les trois lois du bonheur et de la réussite tirées du livre *Le Mémorandum de Dieu*, extrait de l'ouvrage à succès d'Og Mandino, *Le Plus Grand Miracle du monde*, publié aux éditions Un monde différent :

1. Compte tes bénédictions. Reconnais, remercie et bénis tout ce que tu as et ce que tu es – honore les merveilles que ton corps te permet de faire.

2. Proclame ta rareté ! Tu es unique au monde ; n'imite pas les autres, sois fier de toi. Sois toi-même. Montre ta rareté au monde et tu récolteras l'abondance.

3. Fais un kilomètre de plus ! Fais-en toujours plus que demandé. La seule méthode de réussite infaillible est de rendre un meilleur service, plus grand que celui qu'on attend de toi. Quelle que soit la tâche.

Soyez patient! N'oubliez pas que ce qui s'acquiert avec le plus de peine, c'est ce qu'on conserve le plus longtemps : comme ceux qui ont peiné à amasser une fortune y font beaucoup plus attention que ceux qui en ont hérité.

29

~

La loi du vide

L a Source créatrice déteste le vide. Si votre univers est rempli au maximum de sa capacité, la Source créatrice ne peut pas en ajouter. Si vous créez un vide, elle le comblera aussitôt avec un grand plaisir.

Vouloir tout garder bloque l'énergie, et ça finit par refouler à l'entrée. L'énergie d'abondance doit circuler librement à l'aller et au retour.

Le désordre bloque l'énergie. Faites le ménage de votre garage, de vos placards, de votre sous-sol. Jetez, donnez ou vendez les vieilleries qui s'accumulent depuis des années.

Empiler, garder et conserver « au cas où » nourrit la peur du manque. N'ayez aucune crainte, les richesses de la Source créatrice sont infinies ! Le seul obstacle à leur livraison, c'est vous. N'oubliez pas qu'il y a quelque part un entrepôt à votre nom…

Dès que vous achetez un nouveau vêtement, donnez-en un que vous n'avez pas porté depuis un an. Il y a fort à parier que vous vous en êtes lassé et que vous ne le porterez plus jamais. Faites-en profiter un autre. Remerciez le vêtement de vous avoir habillé pendant ces années et donnez-le avec joie.

Lorsque vous faites un don, assurez-vous de couper les liens et de le laisser gracieusement aller. Sinon, aucun vide ne s'est réellement créé. Un cadeau non libéré complètement après avoir été donné n'en est pas un.

Si vous désirez acheter de nouveaux vêtements, mais ne croyez pas en avoir les moyens, faites le ménage de votre garde-robe et DONNEZ! Vous verrez que le vide se remplira très rapidement. Le geste de donner est toujours accompagné d'un sentiment de bien-être et d'abondance, qui attire encore plus de bien-être et d'abondance.

Un autre truc pour filles qui fonctionne très bien est une soirée d'échange de vêtements. Vous invitez des amies chez vous et vous leur demandez d'apporter chacune trois vêtements qu'elles ne portent plus et une bouteille de vin. Vous mettez dans un chapeau autant de numéros qu'il y a de participantes (si vous êtes 10, mettez des numéros de 1 à 10). Tout en sirotant votre vin, vous pigez chacune un numéro.

Celle qui pige le numéro 1 a le premier choix, puis le numéro 2 la deuxième sélection, et ainsi de suite. Vous remettez les numéros dans le chapeau et vous recommencez jusqu'à ce que tous les vêtements aient été distribués.

Vous aurez, du même coup, fait circuler l'énergie entre vous et dans votre garde-robe!

30

Donnez au suivant

Quelle erreur que d'essayer d'obtenir sans donner en retour ! Pour attirer l'abondance, il faut respecter la loi du commerce, connue également sous le nom de la « loi de la dîme ».

Cette loi naturelle nous apprend à donner en échange de nos gains. Essayer d'obtenir plus en donnant moins va à l'encontre de cette loi. Si vous voulez recevoir, DONNEZ !

Donnez 10 % de vos revenus annuels à une cause qui vous tient à cœur, à une troupe de théâtre, à un ami qui a besoin de fonds pour réaliser son rêve, à un gîte d'animaux abandonnés…

Peu importe la cause ou la personne, DONNEZ. Si vous manquez d'argent, donnez de votre temps, donnez les fleurs qui poussent dans votre jardin, vos confitures aux fraises, votre écoute à un ami qui vit un moment difficile.

Cela entraînera par le fait même la loi du retour.

31

~

La loi de l'attraction

Nous sommes tous les créateurs de notre réalité. Nous la créons à notre image et à notre ressemblance. Comme la loi du commerce, la loi de l'attraction est infaillible. Pour avoir les résultats désirés, il faut la connaître et la respecter.

La pensée crée autant de conditions favorables que défavorables. Quand vous visualisez le manque, la discorde ou la limitation, vous créez ces conditions. Plusieurs d'entre vous le font inconsciemment.

L'abondance dépend seulement de la connaissance de la loi d'attraction. Certains diront que : « Cette loi n'est pas concrète. Comment prouver qu'elle existe ? » Permettez-moi de répondre ceci : il n'y a pas plus d'électricité dans le monde aujourd'hui qu'il y a 150 ans, mais avant qu'on comprenne comment la canaliser, nous ne pouvions pas en bénéficier. Maintenant que la loi est comprise, la terre entière peut s'éclairer. L'impossibilité de voir l'électricité à l'œil nu ne l'empêche pas d'exister.

Il en est de même avec la loi de la gravité. Laissez-vous tomber en bas d'un arbre, vous verrez qu'elle existe; or, elle est invisible. Même chose avec la loi de l'attraction.

La compréhension de cette loi remplace la pauvreté par l'abondance, l'ignorance par la sagesse, la discorde par l'harmonie et la tyrannie par la liberté. Il y a un monde à l'intérieur de vous, un monde de pensées, d'émotions, de pouvoir, de lumière, de vie et de beauté. Le monde extérieur reflète ce qui se passe à l'intérieur de vous. Vous êtes comme des aimants. Vous attirez les gens, les circonstances, l'abondance ou le malheur à l'image de vos pensées, de vos paroles et de vos actions.

On peut aussi l'appeler la loi de l'abondance parce que vous avez toujours en abondance ce que vous demandez sincèrement, à condition de rester aligné sur votre demande. Si vous demandez, puis doutez, redemandez et doutez à nouveau, puis vous vous plaignez que ce n'est pas encore là, vous diluez votre demande et vous obtenez alors beaucoup de confusion, dans le ton de votre demande.

Je vous invite à choisir en vous ce qui correspond à votre intérêt personnel et à garder votre attention sur votre ressenti; imaginez comment vous vous sentirez lorsque vous aurez atteint l'objet de votre choix.

Ne vous attardez pas aux détails tels que le moment et la façon dont cela va se présenter. Pour un désir clair comme du cristal, les résultats seront bien au-delà de ce que vous pouviez imaginer, car la Source créatrice donne toujours plus que votre désir initial.

Votre tâche est de ramener souvent votre attention sur la façon dont vous souhaitez vous sentir et la Source créatrice vous amènera de plus en plus de raisons de vous sentir comme cela.

Choisissez de ressentir ce que vous aimeriez vivre, malgré ce que vous vivez. Plus vous le ferez, plus votre univers se courbera dans la direction de ce que vous demandez.

32

La loi de la gratitude

La loi de la gratitude est probablement la plus importante entre toutes. Il est primordial de prendre quelques minutes tous les jours pour vous focaliser sur les choses qui méritent votre gratitude. Santé, enfants, emploi, animal, amour, amis et jardin : ne tenez rien pour acquis. Remerciez la Source créatrice et remerciez-vous de les avoir attirés dans votre vie. Quelques minutes au réveil ou avant de dormir suffiront.

Une gratitude constante et puissante entraîne une réaction de la Source créatrice constante et puissante ; les choses que vous désirez viendront toujours à vous. Vous ne pouvez exercer aucun pouvoir sans la gratitude ; elle vous garde branché sur la Source créatrice et le pouvoir de la manifestation.

Dès que vous permettez à votre esprit de sombrer dans l'insatisfaction, vous commencez à perdre du terrain. Votre attention est fixée sur le commun, l'ordinaire, le pauvre, le misérable et le mesquin. Votre pensée emprunte la forme de ces « choses ». Vous allez ensuite transmettre ces images mentales à la Source créatrice et le commun, l'ordinaire, le pauvre, le misérable et le mesquin viendront à vous.

Fixez votre attention sur ce qu'il y a de mieux : entourez-vous du meilleur et devenez meilleur.

Vous devez acquérir l'habitude d'être reconnaissant pour toutes les bonnes choses de votre vie. Et parce que tout ce que vous avez vécu a contribué à votre évolution et à votre conscientisation, vous devriez être reconnaissant pour tout ce que vous avez vécu.

Ne perdez pas votre temps et votre énergie à penser ou à parler des défauts des magnats de la finance. Leur planification du monde a créé pour vous des opportunités. Et grâce à eux, et à votre pouvoir de manifestation, vous avez cocréé le monde dans lequel vous vivez.

Ne ragez pas contre les politiciens corrompus. Sans eux, l'anarchie triompherait et vos bonnes occasions seraient grandement diminuées. Ayez au contraire de la gratitude envers eux. Ils vous aident à organiser les lignes de transmission par lesquelles vos richesses vous parviendront.

La Source travaille patiemment depuis longtemps pour élever la conscience de l'industrie, du gouvernement et des habitants de la terre et elle continue d'avancer dans son travail.

Soyez en harmonie avec le bon dans toute chose, et le bon viendra à vous.

Quand la situation vous semble désespérée et que vous avez du mal à faire un virage à 180 degrés et à changer votre pensée, quand vous doutez et vous vivez dans la peur du manque, prenez le temps de vous arrêter quelques minutes. Pensez à tout ce qu'il y a de bon dans votre vie. Pensez à toutes les richesses autour de vous, à tous les gens ou les animaux que vous aimez et qui vous aiment, pensez à vos innombrables bons coups.

Cessez de dire qu'il n'y en a pas ! Regardez autour de vous : la nature est gratitude et amour. Concentrez-vous, il y a toujours de l'abondance dans votre vie, ne serait-ce qu'une petite victoire acquise ou une personne qui vous a aidé à un moment crucial. Concentrez-vous seulement sur le merveilleux, le grandiose et… l'amour.

Si une pensée de peur, de colère ou d'insécurité fait surface, laissez-la monter, reconnaissez-la et laissez-la partir. Votre mental panique et ne veut pas lâcher prise. C'est normal. Dites-lui que vous l'avez entendu et retournez à vos pensées d'amour.

Plus vous ressentirez cet amour et cette gratitude, plus vous vous sentirez léger et vous commencerez à attirer de l'amour et de l'abondance dans votre vie. Écrivez le mot GRATITUDE en grosses lettres sur le mur de votre bureau, au plafond de votre chambre, sur le frigo, dans votre agenda, partout !

Lorsque votre cœur chante, vous consentez au bonheur. Lorsque vous êtes reconnaissant aussi. Lorsque vous criez après quelqu'un, vous n'y consentez pas. Ni lorsque vous vous sentez mal dans votre peau ou lorsque vous laissez monter votre frustration…

Consentez au bonheur !

Avec mon fils Yohan...

Noël chez
Nanette Workman.

Mon fils Yohan et moi.

On fait les clowns.

À dix-huit ans.

Souvenirs... retrouvés

À quatre ans.

À cinq ans, comme une fée.

À quatorze ans.

Me voici à l'âge
de six mois.

À vingt ans.

À dix-huit ans.

Souvenirs... retrouvés

Me voici en beauté.

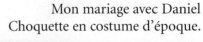

Mon mariage avec Daniel
Choquette en costume d'époque.

Party à Sainte-Adèle
avec France Castel,
Isabelle Miquelon
et Flo Gallant.

À une émission de radio
avec mon amie Nanette Workman.

Nanette et moi,
à Paris, dans l'atelier
du peintre Gerardo Chávez.

Théâtres, téléromans et films

Alain Zouvi (Laurent Leclerc) et moi (Élizabeth Benoit) dans le téléroman *Le Monde de Charlotte*.

Avec Marie-Thérèse Fortin (Françoise, mère de Charlotte) dans *Le Monde de Charlotte*.

Avec Claude Prégent (alias Normand Castonguay) dans le téléroman *L'Auberge du chien noir*.

Avec Guylaine Tremblay, Suzanne Champagne et Danielle Leduc dans la pièce *Drôle de couple*.

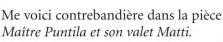

Avec Ghyslain Tremblay (Laurent Guindon) et Antoine Durand (Frédéric Labonté) dans le téléroman *Là tu parles!*

Me voici contrebandière dans la pièce *Maître Puntila et son valet Matti*.

Théâtres, téléromans et films

Dans la peau de Marie-Anne, personnage de la série jeunesse *Lapoisse et Jobard*.

Une scène de promiscuité avec Julien Poulin dans la série télé *Bob Gratton : ma vie, my life*.

Je campais Rosy dans le film *Saints-Martyrs-des-Damnés* en 2005.

Me voici dans une scène de *Saints-Martyrs-des-Damnés*.

Mon rôle de Solange, la mère de Patrick Huard, dans le film d'Érik Canuel *Cadavres* en 2009.

En musique...

Choriste d'Adamo
avec Sylvie Daviau.

Avec Pierre Flynn
et Daniel Bélanger.

Dans *Starmania*
avec Louise Forestier,
Martine St-Clair et
Monique Paiement.

En musique...

La distribution de *Demain matin Montréal m'attend*.

Demain matin, Montréal m'attend.

Avec France Castel, tenancière de bordel dans la pièce *Demain matin, Montréal m'attend.*

Me voici aux côtés de Joël Legendre et de Nathalie Simard dans la pièce *Demain matin, Montréal m'attend.*

Amitiés

Avec l'humoriste et comédien Patrick Huard.

Avec ma gang de *Ladies Night*.

33

~

Positif/négatif

J'en ferai sûrement sursauter plusieurs en disant qu'il n'y a ni positif ni négatif, il n'y a que ce qui est. (Surtout après avoir recommandé de penser en mode positif.)

Je m'explique donc : selon moi, il n'y a pas d'expériences négatives ou positives. Vos expériences d'apprentissage feront en sorte que vous ne répétiez pas une expérience désagréable. Mettez vos mains sur une plaque chauffante : vous ne répéterez pas l'expérience ! Vous aurez appris qu'une plaque chauffante brûle votre peau. Ce n'est pas une expérience négative en tant que telle, car grâce à elle, vous avez fait le nouveau choix de ne plus toucher une plaque chauffante.

Cela vaut pour toutes les expériences de notre vie. Elles vous permettent de mieux vous connaître et de savoir ce que vous aimez et désirez… ou détestez et redoutez. Comment voudriez-vous savoir ce que vous désirez si vous ne connaissez pas ce que vous ne désirez plus ? Sans l'obscurité, comment pourriez-vous reconnaître la lumière ?

Prenez une pièce de 25 sous. Il y a un côté pile et un côté face. Admettons que le côté pile est négatif et le côté face, positif. Cette pièce de 25 cents comporte un troisième côté : le contour de la pièce de monnaie. Sa surface est certes moins grande que les deux autres, mais elle n'en existe pas moins. Elle est le point de rencontre du positif et du négatif. Elle est la voie du milieu, le côté neutre, le côté de ce qui est.

Quand je subis une expérience désagréable, je me positionne sur cette étroite surface de la pièce de 25 cents. Je ne qualifie pas mon expérience de négative ou positive. Je regarde la situation de façon neutre, tout en conscientisant mon choix de ne plus vivre cette expérience. J'aspire à vivre en équilibre sur le troisième côté des choses, la voie du milieu.

Plutôt que de qualifier mes expériences de négatives ou positives, je préfère les appeler « les contrastes ».

34

~

Les contrastes

La souffrance est un maître qui vous montre où ne pas aller et quoi ne plus faire.

Vivre une expérience que l'on ne veut pas vivre est un tremplin vers une nouvelle expérience. Il faut savoir ce que l'on ne veut pas pour faire de nouveaux choix et attirer ce que nous désirons. Nos expériences moins agréables sont nécessaires pour nous permettre de mieux nous connaître et d'arrêter des choix plus éclairés et mieux adaptés à nos besoins.

Vos préférences et vos désirs naissent de la variété et des contrastes. À partir du moment où une préférence existe, elle commence, par la loi de l'attraction, à attirer à vous tout ce qui s'y rapporte, et elle prend de l'expansion. Vous conscientisez l'émotion qui s'y rattache et vous restez aligné sur votre nouvelle préférence. Alors elle se manifeste doucement dans votre réalité.

La Source créatrice est comme une grande cuisine équipée avec tous les ingrédients inimaginables à votre disposition. À vous de décider de ce que vous choisissez d'incorporer à votre recette. Vous devez d'abord déterminer ce que vous aimez et aimez moins. La focalisation active la loi de l'attraction.

Vos expériences de vie vous permettent de déterminer vos préférences. Ensuite, vous serez en mesure de CHOISIR ce que vous désirez créer dans votre vie.

Maintenant, imaginez que vous êtes le chef de cette cuisine remplie de milliers d'ingrédients. Vous devez avoir une idée précise de la création culinaire que vous désirez réaliser et savoir quels ingrédients combiner.

Tous ces ingrédients représentent vos multiples choix, les multiples fréquences qui s'offrent à vous.

Supposons que vous décidiez de vous faire une tarte aux pommes. Vous vous branchez sur la fréquence des pommes. Vous savez quels ingrédients inclure dans votre tarte. Vous les choisissez sans pour autant utiliser tous les ingrédients de votre cuisine.

Vous savez par expérience qu'il ne faut pas mettre de la pâte de tomates ni du steak dans votre tarte. À moins que vous DÉCIDIEZ d'en mettre.

Tous les ingrédients sont là, mais vous n'êtes pas obligé de vous en servir. Il n'y a aucun risque qu'ils se retrouvent dans votre recette, à moins que vous les y mettiez vous-même.

35

Se responsabiliser

Il est important d'être conscient que nous sommes responsables de ce que nous mettons dans notre tarte aux pommes! Attribuer la faute aux autres n'y changera jamais quoi que ce soit. Car, et nous le savons, on ne peut pas changer les autres. Parfois, nous perdons un temps fou à attendre que les autres changent… sans résultat.

Il est primordial de prendre l'entière responsabilité de notre création. C'est tout un pouvoir, quand on y pense, d'avoir la possibilité de changer notre vie à tout moment! Votre bonheur ne dépend pas des autres et vous n'êtes pas responsable du bonheur d'autrui.

Surtout, ne mettez pas votre nez dans la tarte aux pommes des autres!

« *Si vous trouvez votre "ici et maintenant" insupportable et que ça vous rend malheureux, vous avez trois options : vous retirer de la situation, la changer ou l'accepter totalement. Si vous voulez prendre la responsabilité de votre vie, vous devez choisir une de ces trois options, ensuite accepter les conséquences.* »

— ECKHART TOLLE

36

~

Pardonner

Avez-vous observé un aspect de votre personnalité qui est peu disposé à pardonner, qui cultive le ressentiment et cherche sans cesse des façons de se donner de l'importance ou, inversement, de se rendre insignifiant? Vous sentez-vous parfois trahi quand cette partie de vous sabote la manifestation de ce que vous désirez vraiment?

Quand cela se produit, blâmez-vous les autres et les jugez-vous, ou vous condamnez-vous durement? Ce genre de questionnement est nécessaire pour atteindre la maîtrise de soi.

Chacun de nous possède un système parfait de guidance intérieure et une capacité inhérente qui lui permettent d'aimer et de laisser grandir la conscience. En vérité, on se trahit soi-même et on trahit la Source créatrice quand on se rebelle contre son intuition ou on ignore ses instincts, son bon sens et sa sagesse.

Votre système de guidance intérieure agit souvent comme un système de freinage ou d'accélération qui vous aide à faire chaque pas au bon moment et à la bonne place. Si vous forcez votre croissance spirituelle, votre âme vous ralentit en orchestrant des obstacles qu'elle place sur votre chemin.

De même, si vous résistez à votre propre évolution sur le plan de l'authenticité et de la fidélité à votre pouvoir, à votre amour et à votre sagesse, votre âme orchestrera mystérieusement les facteurs nécessaires pour démolir très rapidement le mur derrière lequel votre vie est retranchée et faire fondre votre identité blindée.

Quand vous comprenez que votre Moi supérieur est le capitaine de votre vie et que vous n'êtes pas un pion victime de forces extérieures, vous êtes à même de devenir un joueur puissant qui fait équipe avec le directeur divin de votre vie.

Ne vous jugez pas, pardonnez-vous tous les jugements que vous avez pu porter. Lorsque vous êtes pardonné, vous savez que vous êtes libre, mais vous êtes le seul à pouvoir vous pardonner. Le pardon de la part d'autrui peut être agréable et satisfaisant, le seul vrai pardon demeure celui que vous vous accordez à vous-même.

Et si vous ne vous êtes pas pardonné à vous-même, vous ne pouvez pas pardonner véritablement à quelqu'un d'autre. Il y a toujours un « attachement » à l'offense ou au mal que vous tentez de pardonner. Vous ne l'oubliez pas, vous le stockez simplement à l'écart pour vous y reporter plus tard, au cas où surviendrait une autre offense ou blessure.

L'Amour accepte toujours inconditionnellement parce qu'il n'a rien à pardonner. Si vous vous accrochez à une blessure, alors le ressentiment grandit et vous fermez la porte à l'Amour.

37

~

L'amour

Tout acte d'amour élève votre fréquence. La compassion, l'entraide, l'assistance, les bons soins et le respect sont des actes d'amour.

Tout acte de désamour abaisse votre fréquence. La cruauté, l'abandon, le délaissement et la trahison sont des actions de désamour. Il y en a bien d'autres, à commencer par votre manque d'amour pour vous-même.

Vous pouvez faire semblant d'être gentil, attentif ou aimant. Feindre de ne pas voir ou de ne pas être intéressé. Vous pouvez même agir de manière cachée des autres humains. Cela relève de votre méconnaissance des lois cosmiques et de leurs effets à court ou long terme.

C'est un leurre temporaire. Nul ne peut tromper La Source créatrice. Vous recevez toujours ce que vous semez.

Toutes les pensées et les émotions négatives sont simplement de l'Amour sous pression. Chaque geste que l'on pose, chaque mot que l'on dit, est une expression d'amour. La colère, la tristesse et la culpabilité sont des formes d'énergie en contraction qui viennent de l'Amour, mais qui ont été déformées par le mental.

Quand on y regarde de près, on se rend compte que tout ce que l'on trouve dans l'univers est issu de l'amour. Essayez de voir la vie à travers les «lunettes de l'Amour» pendant quelques semaines. Imaginez que tout ce que vous entendrez dire des gens autour de vous sera filtré par vos Lunettes d'Amour. Si quelqu'un vous juge, vous critique ou vous déteste, entendez l'Amour qui essaie de se frayer un chemin parmi leurs mots.

Toute personne est un être divin qui essaie de communiquer avec vous. Si vous écoutez à partir du divin en vous, vous n'entendrez plus de négativité. Vous entendrez l'Amour. L'Amour est toujours là, quelque part. Parfois déguisé par la peur, la frustration, la souffrance que génère le mental, mais il est toujours là quand même.

Regardez au-delà des apparences, des jeux de pouvoir, des personnalités, regardez plus profondément et vous verrez l'Amour qui s'y cache. Le miracle, c'est que, si vous voyez l'Amour en quelqu'un, il le verra lui aussi.

38

Le bonheur des autres ne dépend pas de vous !

Vous êtes submergé par des règles et des attentes imposées par les autres, et tout le monde a son opinion sur la façon dont vous devriez vous comporter.

Mais il n'est pas possible pour vous de rester focalisé sur votre but à atteindre si vous laissez toutes ces influences extérieures vous distraire.

Plus vous essayez de plaire aux autres, plus vous vous rendez compte qu'ils ne sont jamais satisfaits. Vous non plus ! C'est frustrant, et vous vous perdez dans le processus.

Devant l'impossibilité de créer du bonheur dans leur propre vie, certains membres de votre entourage s'attendent à ce que vous les sauviez, d'une certaine manière, parce qu'ils croient que ça les rendra heureux.

Si vous abondez dans leur sens, vous devenez, bien malgré vous, responsable de leur bonheur et vous tissez insidieusement des liens difficiles à couper par la suite.

Le bonheur des autres ne dépend pas de vous et votre bonheur ne dépend pas des autres.

39

~

Dites oui !

Dites oui aux bienfaits que la vie vous propose. S'ils se manifestent dans votre vie, vous les avez attirés ou créés. Alors dites oui à votre création ! Dire oui vous met en état d'expansion. Dire non vous confine dans la contraction, la résistance. Plus vous dites non, plus vous serez en état de contraction et alimenterez l'objet de votre refus. Comme le dit si bien l'adage : *Ce à quoi tu résistes persiste.*

Dire non crée de la résistance dans votre vie, votre corps et votre cœur. Regardez-vous dans un miroir au moment de dire non. Répétez la manœuvre quand vous dites oui. Le non fronce les sourcils, descend les coins de la bouche et ferme le visage et le cœur. Vous êtes en contraction. Le oui ouvre, libère, fait sourire et ressentir de la joie. Vous êtes en expansion.

Même s'il s'agit d'une expérience douloureuse, dites OUI à cette expérience et cessez de vous battre contre ce qui est. Sachez que vous avez créé cette expérience afin de vous définir en tant qu'être humain.

Si vous choisissez de dire NON et de vous enfermer dans un état de souffrance, de victimisation et de plainte, ainsi soit-il! Mais soyez conscient que votre non créera encore plus de souffrance dans votre vie.

Rappelez-vous le petit point noir sur le mur blanc immaculé…

«Lorsque vous dites OUI aux autres, faites en sorte de ne pas dire NON à vous-même.»

— PAULO COELHO

Malgré tout, il faut parfois savoir dire non à certaines situations ou personnes qui empoisonnent votre existence. Il faut savoir dire non à l'abus sous toutes ses formes, à l'intimidation, à la violence verbale ou physique. Dire non aux manipulateurs, aux menteurs, aux personnes qui vampirisent votre énergie.

Dès que vous ne vous sentez pas en harmonie avec une situation, ou que vous vous sentez en contraction en présence de quelqu'un, votre droit le plus fondamental est de dire non.

Pour le reste, dites OUI!

40

Le moment présent

« *Dites toujours "oui" au moment présent…
Abandonnez-vous à ce qui est. Dites "oui" à la vie
et voyez comment soudainement la vie commence
à travailler pour vous et non contre vous.* »

— ECKHART TOLLE

Rien n'existe à part le moment présent. Le passé est loin derrière et le futur n'est pas encore là.

J'aimerais, si vous le permettez, que vous fassiez un petit exercice avec moi. Fermez les yeux et projetez-vous dans l'avenir. Imaginez-vous dans 10 ans. Où serez-vous ? Que ferez-vous ? Maintenant que vous avez une image claire, essayez d'amener votre corps dans l'avenir. Vous n'y arrivez pas, parce que c'est impossible ! Votre corps est totalement en symbiose avec le moment présent.

Imaginez le stress que vous lui imposez toutes les fois que vous naviguez entre le passé et le futur.

Chaque fois que vous êtes dans la crainte de l'avenir ou dans les regrets du passé, vous vous déconnectez de votre corps et vous vivez un malaise, un inconfort. Ce que l'avenir vous réserve, vous l'ignorez, et c'est bien ainsi.

« *La meilleure façon de prédire l'avenir, c'est de l'inventer.* »

— ALAN KAY

La peur de revivre les mêmes expériences du passé nous paralyse, nous empêche de transformer notre moment présent et contribue à retarder l'élévation de notre conscience.

Je m'explique. Admettons que, par le passé, votre conjoint vous ait quitté pour une autre femme. Il y a de fortes chances que vous viviez votre prochaine relation dans la peur d'une autre trahison. Ou la peur qu'un événement passé se répète à l'avenir. Vous ne vivez pas votre relation dans le moment PRÉSENT.

Si vous y regardez de plus près, au moment présent, il n'y a aucune menace de trahison. Votre amoureux s'est grandement investi dans votre relation, mais votre peur associée à votre ancienne flamme vous incite à douter de lui. Vous commencez à le questionner sans raison, vous éprouvez une jalousie déraisonnable, vous voyez en chaque femme une rivale.

Vous vous focalisez sur la peur de le perdre, vous ne voyez plus tous ses bons côtés et ses marques d'amour à votre endroit.

Se heurtant à tant de résistance de votre part, votre amoureux perd peu à peu de l'intérêt et s'éloigne de vous petit à petit. C'est à ce moment-là que vous vous dites : *Il ne m'aime pas ! Je suis certaine qu'il va voir ailleurs !* Et c'est reparti, mon kiki !

Pour vous aider à vivre dans le moment présent, voici deux conseils :

1. Acceptez votre passé. Si vous n'êtes pas en paix avec votre passé, il vous hantera et vous ne pourrez jamais créer votre futur.

2. Acceptez l'incertitude du futur. L'inquiétude n'a pas sa place ICI ET MAINTENANT. Comme le disait Mark Twain : « S'inquiéter c'est comme payer une dette que nous ne devons pas. »

Pourquoi voulez-vous la moindre chose que vous voulez ? Parce que vous pensez que vous vous sentirez réellement bien quand vous l'aurez. Mais si vous ne vous sentez pas réellement bien sur le chemin qui y mène, vous ne pouvez pas l'obtenir.

Vous devez être satisfait de ce qui est pendant que vous cherchez à obtenir davantage…

41

~

Vos pensées et vos croyances

Supposons que vous croyiez qu'en vous quelque chose cloche. Vous estimez que vous n'avez pas le poids idéal, que vous n'êtes pas jolie, vous ne voyez que vos défauts. Tout se met alors à se manifester dans cette direction.

Vous attirez les gens et les événements qui vous confirment que vous n'avez pas le poids idéal, que vous n'êtes pas jolie. Vous perdez confiance en vous, vous êtes malheureuse, stressée, frustrée et dévalorisée. Vous êtes en contraction !

Maintenant, inversez votre croyance

Dites-vous à voix haute que l'être que vous êtes est parfait. Fermez les yeux et imaginez votre vie à partir de cette croyance. Sentez le bien-être, l'harmonie et la joie se répandre en vous. Nommez vos bons côtés, vos qualités, vos forces.

Sentez la différence dans votre corps. Vous êtes en expansion !

Chaque fois qu'une croyance est une source de stress, inversez-la. C'est aussi simple que cela !

42

Tout est parfait !

L a Source créatrice ne fait pas d'erreurs. Elle répond simplement à votre demande. Elle ne livre jamais à votre porte ce que vous n'avez pas commandé.

Vous avez eu une vie remplie de souffrances et de malheurs ? Eh bien, tout votre vécu a contribué à faire de vous la personne que vous êtes au moment présent. Comment pourriez-vous comprendre les autres et avoir de l'empathie pour eux si vous n'aviez pas traversé le désert au moins une fois dans votre vie ? Vous ne seriez pas en train de lire ceci si vos expériences ne vous y avaient pas amené.

La vie s'est toujours chargée de me démontrer que tout arrive pour une raison. Je ne crois pas au hasard. Je ne comprends pas toujours pourquoi les choses m'arrivent au moment où elles arrivent. Toutefois, avec le recul, quand je regarde ma vie, je sais que TOUT EST PARFAIT et que tout est arrivé selon un ordre divin. Ce qui importe, ce n'est pas ce que l'on vit, c'est comment on le vit.

Il est important de retenir les leçons que la vie nous enseigne. Écoutez votre intuition, la petite voix qui essaie de se faire entendre et que vous ignorez parfois.

Écoutez votre cœur, pas votre tête ! L'intuition se situe dans le cœur et le cœur ne nous ment jamais. Si vous êtes en présence de quelqu'un avec qui vous vibrez, votre cœur est léger, en expansion, rempli d'Amour. Si au contraire vous êtes devant quelqu'un qui vous veut du mal, votre cœur devient dur, fermé. Vous ressentez un poids sur votre cage thoracique : c'est un signe que vous faites fausse route. Ne restez pas une minute de plus en présence de cette personne.

La Source n'exerce jamais de vengeance ni ne punit, car la Source comprend que vous êtes précieux, que vous êtes digne, que vous êtes béni. La Source comprend que vous n'en avez jamais fini et que vous ne pouvez pas vous tromper, que même lorsque vous vous trouvez quelque part où vous vous sentez mal, vous finirez par retourner là où vous vous sentez bien. Vous avez en ce moment la capacité de retourner où vous vous sentez bien en adaptant votre processus de pensée, en ajustant votre vibration, en changeant votre point d'attraction et, enfin, en ouvrant la porte au bien-être qui s'écoule toujours vers vous...

43

~

Riez !

Essayez de rester sérieux ou déprimé lorsque vous riez ou que vous entendez rire quelqu'un. Il est impossible de rire et de ressentir de la peur en même temps. Je ne dis pas que vous devez rire 24 heures sur 24, 7 jours sur 7. Je trouve que la plupart des gens ne rient pas assez.

Le rire allège tout et permet à l'énergie de circuler librement. Il permet d'élever votre conscience et de vous ramener dans le moment présent. C'est une bonne façon de faire un virage à 180 degrés. Un verre peut être à moitié vide ou à moitié plein, une situation peut être déprimante et terrorisante, ou amusante et drôle. C'est votre choix. Rappelez-vous, ce n'est pas la situation qui importe, mais la façon de la gérer.

Avez-vous déjà ri aux larmes devant une figure d'autorité qui prend son rôle très au sérieux ? Essayez ! Vous verrez qu'elle ne saura pas quoi faire et deviendra vulnérable parce qu'elle aura perdu son pouvoir. Vous avez peur qu'elle vous jette en prison ? Sous peine de quoi ? D'avoir ri ? Rire n'est pas un crime, à ce que je sache !

Si vous êtes intimidé par quelqu'un, imaginez-le assis sur la toilette, les pantalons aux chevilles ! Vous verrez comme il perd de son autorité. Essayez-le, ça marche !

Il a été prouvé cliniquement que le rire a un effet curatif sur votre corps grâce à la circulation d'énergie qu'il engendre et aux endorphines qu'il libère. Il existe même des thérapies par le rire.

Combien de fois dans votre vie vous a-t-on dit : « Arrête de rire, ce n'est pas drôle ! » À l'école, j'ai passé plus de temps en punition dans le corridor que dans la classe parce que je riais… Les personnes qui exerçaient l'autorité ont bien essayé de me « casser » et de me faire perdre ma joie de vivre, toujours sans succès.

Je me souviens d'un fou rire à l'église lors d'une sortie avec les élèves de ma classe. Je n'arrivais pas à me contrôler même si je savais que j'allais payer cher mon indiscipline. J'ai eu droit à des coups de règle dans les mains, à une retenue, et il m'a fallu copier 1000 fois « Je ne rirai plus à l'église ».

Et vous savez quoi ? Je ris encore à l'église parfois. Il suffit que ce soit interdit pour que mon fou rire devienne incontrôlable. Que voulez-vous, je suis une rebelle dans l'âme ! J'adore rire et je vois toujours le ridicule d'une situation.

On peut vous enlever votre voiture, votre maison ou votre emploi, mais on ne peut pas vous enlever votre joie de vivre, si c'est ce que vous avez choisi.

Épilogue

Ce livre est la raison pour laquelle j'ai eu un parcours de vie aussi tortueux. Sans mes expériences de vie, je n'aurais jamais ressenti le besoin d'écrire et de partager mon vécu avec vous. En écrivant ces lignes, le puzzle de ma vie prend tout son sens aujourd'hui. Il en est de même pour vous. La somme de vos expériences a fait de vous qui vous êtes et je vous invite à accepter votre création sans jugement, avec tolérance et amour. À partir de maintenant vous pouvez changer votre vie une pensée à la fois.

« Je suis le capitaine de mon âme ! »

— Nelson Mandela

Voici un petit résumé des points importants à mettre en pratique pour vous créer une vie à votre image et à votre ressemblance :

1. Dès votre réveil, prenez cinq minutes pour focaliser votre pensée sur vos désirs, vos buts et vos intentions.

Durant cet exercice, il est possible que des pensées négatives fassent surface et que vous vous disiez : *Je n'aurai jamais ça !* ou *Je ne peux me permettre ça !* Dites à votre ego que vous l'avez entendu et revenez à vos désirs. Faites comme si votre rêve était déjà réalisé et prenez le temps de ressentir la joie qui vous envahit.

2. Entourez-vous d'images qui représentent vos désirs et vos buts. Ayez un livre dans lequel vous collerez des photos, des citations ou des dessins qui vous inspirent, ou alors utilisez un mur de votre bureau ou de votre chambre. Faites votre roue de fortune !

3. Remplacez chaque pensée négative par une pensée positive. N'écoutez pas les plaintes ou les peurs des autres. Elles ne vous appartiennent pas. Focalisez votre attention sur des pensées qui vous procurent de la joie et faites des choses que vous aimez.

4. Ayez de la gratitude. Peu importe la situation que vous vivez, il y a toujours de la place pour la gratitude. C'est la recette du bonheur ! C'est un laissez-passer gratuit pour élever votre fréquence vers les hautes sphères de l'univers. Exercez-vous le plus souvent possible à vivre dans un état de gratitude.

5. Passez à l'action ! Si vous voulez une nouvelle voiture, allez faire un essai routier au volant de la voiture de vos rêves. Commencez à mettre de côté 10 % de votre revenu dans un nouveau compte que vous appellerez « compte voiture ». Lorsque vous activez la loi de l'attraction, la Source créatrice vous répond sous la forme de personnes que vous rencontrez, de nouvelles occasions, d'idées et d'inspiration. Vous

devez écouter votre intuition et passer à l'action. Chassez le doute, l'indécision et la peur !

6. Reconnaissez les changements qui s'opèrent dans votre vie et appréciez-les ! Quand vous recevez un revenu inattendu, reconnaissez-le. Quand vous rencontrez quelqu'un qui vous aide à concrétiser votre désir, reconnaissez-le. Quand vous avez la meilleure table dans votre restaurant favori, reconnaissez-le. Si vous attirez dans votre vie des choses que vous ne désirez pas, prenez le temps d'analyser la nature de vos pensées. Pour changer les résultats, vous devez d'abord changer vos pensées et vos émotions.

7. Lâchez prise ! Soyez comme la rivière qui coule sans s'accrocher aux roches sur son passage. Plus vous arriverez à laisser couler, plus vous serez calme et détendu, et plus vous serez calme et détendu, plus vous serez heureux.

8. Soyez vigilant avec les mots. Choisissez des termes qui vous inspirent et vous élèvent. Des mots d'amour envers vous-même. Évitez des mots blessants, dénigrants. Retirez-vous des conversations axées sur les drames de la journée. Entourez-vous de gens positifs qui sont sur la même fréquence que vous.

En terminant, j'aimerais vous dire de rester ouvert et disponible à toutes les expériences que la vie vous amène, en sachant que toute expérience est toujours la bonne expérience pour vous. Il n'existe pas de mauvaise expérience. La Source créatrice est l'intelligence absolue et elle ne commet jamais d'erreurs. Ressentez la présence de quelque chose de beaucoup plus grand que vous qui vous guide vers un état de bonheur absolu.

Si vous cédez à la vie, la vie cédera pour vous. Vous ressentirez alors une puissante connexion avec tous les êtres vivants de la terre et cette connexion, c'est l'Amour!

Voilà! J'espère que ce livre saura vous inspirer et qu'il sera un phare pour éclairer votre nouvelle route: celle qui vous mène vers vous et votre propre pouvoir. La voie unique de votre perfection!

Merci d'avoir lu mon ouvrage *Tout est parfait.*

Si vous voulez communiquer avec moi :

Mon site Internet : www.sylvieboucher.com

Mon adresse courriel : sylvie@sylvieboucher.com

MARQUIS

Québec, Canada

RECYCLÉ
Papier fait à partir
de matériaux recyclés
FSC® C103567

Imprimé sur du papier Enviro 100% postconsommation
traité sans chlore, accrédité ÉcoLogo et fait à partir de biogaz.